순천

D

D

대한민국 도슨트
한국의 땅과 사람에
관한 이야기

18

순천

강성호 지음

21세기북스

순천만 용산전망대

차례

순천 지도

월등면

주암면

승주읍

㉑
주암호

⑳
송광사

⑲
선암사

송광면

상사면

낙안면

외서면

⑰ 낙안읍성
⑱ 뿌리깊은나무 박물관

별량면

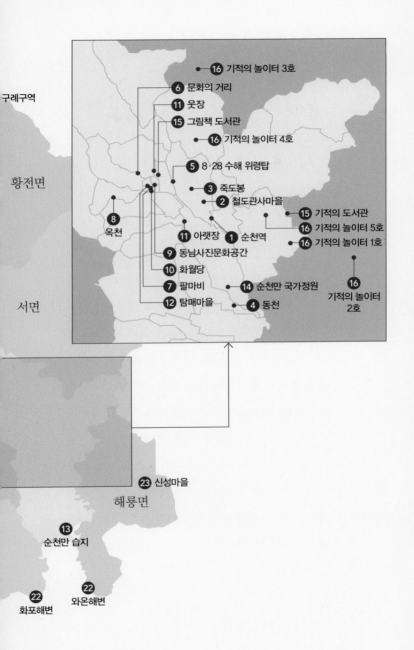

구례구역

황전면

서면

16 기적의 놀이터 3호
6 문화의 거리
11 웃장
15 그림책 도서관
16 기적의 놀이터 4호
5 8·28 수해 위령탑
3 죽도봉
2 철도관사마을
15 기적의 도서관
16 기적의 놀이터 5호
16 기적의 놀이터 1호
8 옥천
11 아랫장
1 순천역
9 동남사진문화공간
10 화월당
7 팔마비
14 순천만 국가정원
16 기적의 놀이터 2호
12 탐매마을
4 동천

23 신성마을
해룡면
13 순천만 습지

22 화포해변
22 와온해변

처음 1~2년 동안은 순천을 금방 떠날 줄 알았다. 이때 나에게 순천은 석사 수료 후 학위논문을 쓰기 위해 잠시 머물다가 가는 기착지 정도였다. 언제든 떠날 수 있는 곳이라고 여겼건만, 아내와 함께 골목책방 그냥과보통을 시작하면서 상황이 달라졌다. 책방 운영을 계기로 비로소 내가 순천 주민이라는 자각이 생겨버린 것이다. 그러다 보니 내가 거주 중인 도시의 역사를 알고 싶은 갈증이 밀려왔다. 순천의 역사를 다룬 논문과 책을 찾아보기 시작했다. 책방에서 지역사 공부 모임도 열었다. 역사 전공자인 내게 지역사적 전회가 이루어진 셈이다. 지역사의 묘미는 역사가 아주 구체적이고 현장감 있게 다가온다는 데 있다. 아무래도 지역사는 나의 일상이 묻어있는 장소의 이야기이니까.

책방 운영에 보탬이 되고자 순천 원도심 투어 프로그램을 진행했었다. 지인들이 올 때면 이따금 순천을 안내하기도 했다. 그때마다 순천을 찾는 이들에게 '순천의 땅과 사람에 관한 이야기'를 충실하게 다룬 책의 필요성을 절감했다. 공공기관에서 제작한 비매품 책 중에는 내용상 참고할 만한 게 있어도 관계자가 아니고서야 구하기가 여간 쉽지 않은 일이다. 시중에 나온 책 중에서는 순천을 처음부터 끝까지 다룬 단행본이 몇 권 정도 있어도 여행 정보로만 채워져 있어서 눈길이 가지 않았다. 그러는 사이에 4년 가까이 순천시사편찬위원회 연구원으로 근무했었다. 여러모로 나에게 우호적인 업무 환경은 아니었으나 지역사 공부의 외연을 넓힐 수 있는 계기였던 건 분명하다. 투어 프로그램에서부터 시사편찬까지의 일은 이 책을 쓰는데 바탕이 되었다.

이번에 선보이는 책은 순천의 역사를 연구하는 한 지역주민이 일상생활을 영위하는 도시에 얽힌 고유한 이야기들을 풀어낸 작업이라고 할 수 있다. 참고로 내가 연구하는 영역은 근대 호남의 역사이다. 우리가 보통 '일제강점기(1910~1945)'라고 일컫는 시기에 있었던 호남 지역의 다양한 이야기들을 발굴해보고 있다. 내가 생각하기에 우리는 일제강점기를 지배와 저항이라는 이분법적 구도로 피상적으로 이해하고 있다. 자료를 보다 보면 일제강점기에 펼쳐진 지역사회의 이야기는 무척 낯설고 이질적이다. 아마도 나는 이 낯섦과 이질성에 매혹을 느끼고 있는 것 같다. 그리고 스릴러 영화에서 작은 단서를 실마리로 삼아 미스터리를 풀어낼 때 나오는 짜릿함을 지역사 연구에서 느낄 수 있다. 이 책을 쓰면서 지역사 연구의 묘미를 다시 한번 경험할 수 있었다.

순천은 행정구역상 1읍 10면 13동으로 구성되어 있다. 그중에서 1읍 10면은 1949년부터 1995년까지 농촌지역인 승주군으로 존재했었고, 나머지 13동은 도시지역인 순천시로 이어졌다. 현재 순천은 1995년에 이루어진 도농통합으로 순천시와 승주군이 하나로 합쳐진 통합시로 발족한 것이다. 그런데 지역을 감각하고 이야기하는 층위에서 옛 순천시와 옛 승주군 사이에 좁혀지지 못한 간극이 있다는 사실을 느끼곤 한다. 산불이나 홍수와 같은 재난 상황이 아니면 농촌지역이 지역 여론에서 등장하는 경우는 거의 없다고 해도 무방하다. 다시 말해 옛 승주군 일대는 타자로 재현될 뿐이다. 모든 관심과 자원은 도시브랜드를 구축하는데 핵심적인 특정 공간에 몰리고 있다. 그래서 나는 우리가 지역에 관해 이야기할 때 무의식적으로 다른 무언가를 소외시키고 있는 건 아닌지 자문해봐야 한다고 본다.

차근차근히 순천의 역사와 문화를 따져보는 작업은 무척 필요한 일이다. 잡지『뿌리깊은나무』에 나오는 표현대로 도랑을 파기도 하고 보를 막기도 해서 순천에 관한 이야기를 조금이라도 새롭게 써보고자 했다. 그중에 내가 주목한 건 제자리 실향민이다. 제자리 실향민이란 분단이 아니라 국가 개발 정책으로 고향을 영영 잃어버린 사람들을 가리킨다. 순천에서도 국가정원과 낙안읍성, 그리고 주암호가 만들어지면서 마을이 없어지거나 제자리 실향민이 발생했었다. 순천의 현대사에서 비중을 차지하는 1962년 8·28 수해도 하루아침에 삶의 터전을 잃어버리게 만든 사건인 만큼 큰 카테고리 안에 묶을 수 있다. 거대한 사회 변동의 파고에 밀려 고향을 떠나야 했던 이들의 이야기는 그동안 한국 사회가 크게 주목하지 않은 내용이다. 지역사 연구자로서 내가 주목하는 건 '이주'와 '이산'을 열쇠 말로 삼아 지역사회의 다양한 층위를 살펴보는 데 있다. 책을 쓰면서 '이주'와 '이산'으로 본 지역의 역사를 조금이나마 반영해보려고 노력했다.

주지하다시피 대한민국 도슨트는 관광지를 안내하는 여행 가이드북이 아니다. 해당 지역에 거주하거나, 지역과 깊은 연고가 있는 분이 직접 발로 뛰며 기록한 인문지리 교양서다. 나 역시 순천의 곳곳을 답사하면서 지역이 가진 이야기의 힘을 실감할 수 있었다. 속초의 김영건님 말마따나 도시 안내자 이전에 순천의 구석구석을 걷고 공부하고 발견하는 도시 여행자가 되었다. 그 과정에서 아무런 주목을 받지 못한 채 사라져간 도시 화석들을 마주하였다. 덕분에 도시 공간의 하찮고 사소한 것으로 치부되는 조형물들도 하고 싶은 이야기가 많다는 사실을 알 수 있었다. 제한된 지면에 능력이 허락지 못하여 답사 과정에서 보고 배운 내용들을 잘 담아내지 못해서 못내 아쉬울 뿐이다. 솔직한 나는 사람들이 순천에 와서 정원과 습지만 둘러보고 꼬막 정식이나 짱뚱어탕만 먹지 말고, 그밖에 다양한 매력들도 많이 즐겼으면 좋겠다.

역시 책은 혼자 쓰는 게 아니다. 책을 집필하는 과정에서 많은 이들의 도움을 받았다. 순천문화재단이 매년 시행하는 지역문화자원 콘텐츠 발굴 지원사업에서 나는 몇 번 자문 역할을 맡았다. 덕분에 구상나무 팀을 통해서 순천만 국가정원이 조성될 때 사라져버린 마을이 있었다는 사실을 알 수 있었다. 순천시사편찬위원회 연구원으로 근무하면서 만난 시정자료실의 주정혜 선생님은 여러 가지 자료를 열람할 수 있게 해주었다. 특히 사진 자료와 관련해서는 책방 심다를 운영 중인 김주은 선생님과 홍승용 선생님의 도움이 컸다. 현재 내가 속한 국립순천대학교 인문사회 디지털 융합인재양성사업단의 지원도 감사하다.

무엇보다 책 집필은 가족들의 응원이 있었기에 가능한 일이었다. 책을 쓸 때마다 하는 고백이지만, 아내와 나는 서로의 꿈을 아끼고 북돋워주는 경험을 누리고 있다. 책을 쓰는 과정에서 벽에 부딪혔을 때 아내는 나의 고민을 경청해주고 조언과 지원을 아끼지 않았다. 이 책을 쓰기 위해 다녀간 답사의 절반은 아내와 함께 한 여정이었다. 물론 그 여정에는 여덟 살 개구쟁이 이음이도 함께했다. 언제나 아빠의 친구가 되어줘서 고맙게 생각한다. 아무쪼록 순천을 알고 싶어 하는 이들에게 꽤 괜찮은 길잡이 역할을 하는 책이 되길 바랄 뿐이다.

2024년 8월
원산 기슭에서
강성호

오천그린광장

사통팔달의 고장에서
생태도시로

순천은 산, 들, 갯벌, 바다의 산물들이 모이는 풍요로운 고장
이다. 오죽했으면 조선시대의 인문 지리서인 『동국여지승람』
은 순천을 가리켜 "산과 물이 기이하고 고와서 세상에서 작은
강남이라고 일컫는다"고 기록했었을까. 예로부터 순천을 '소
강남(小江南)'이라고 빗대어 말하는 사람들이 있었다. 이 말은
순천이 중국의 강남에 버금갈 만큼 살기가 좋음을 넌지시 내
비치는 표현이다. 실제로 순천에 와 본 사람은 이런 말이 크
게 틀리지 않음을 깨닫는다. 무엇보다 순천은 날씨가 따뜻하
고 봄이 일찍 찾아오는 곳이라서 푸근한 인상을 준다. 순천시
의 한가운데를 남북으로 흐르는 동천(東川)의 물줄기는 순천

을 아담하고 깨끗한 전원도시로 더욱더 돋보이게 만든다.

순천에서 인물 자랑하지 마라

살림이 넉넉한 이들이 많은 만큼 순천의 사람들은 풍류를 즐길 줄 알았다. 순천에 판소리 애호가들에 관한 일화가 많이 전해져 오고 있는 이유다. 그중 하나는 판소리 5대 명창 중 하나인 송만갑의 자서전에 나온다. 송만갑은 자신의 청춘을 회고하면서 정월대보름마다 순천의 '청류정(清流亭)'에서 대사습놀이가 펼쳐졌다고 기록하였다. 대사습놀이는 활쏘기대회의 일종으로 시작한 잔치로서 판소리와 백일장이 곁들어졌다. 이날은 모두가 모여 시를 짓고 노래를 하고 춤을 추며 신명나게 놀았다. 순천에서 대사습놀이가 있었다는 기록은 송만갑 회고가 유일해서 논란의 여지가 있지만, 그만큼 순천이 서로 어우러져 판소리 축제를 즐길 줄 아는 고장이라는 걸 보여준다.

남도만의 속담이 있다. 벌교에 가서 주먹 자랑하지 말고, 여수에 가서 돈 자랑하지 말고, 순천에 가서 인물 자랑하지 말라고. 벌교는 포구이다 보니 힘깨나 쓰는 사람이 많다는 이야기고, 여수는 항구 도시인 만큼 돈이 많다는 것을 의미한다. 그런데 순천에 가서 인물 자랑하지 말라는 속담의 의미를 둘러싸고 의견이 분분하다. 어떤 이는 말 그대로 외모가 준수한 사람이 많다는 의미라고 이야기하고, 다른 이는 지역에 인재가 많다는 말이라고 강조한다. 여기서 말하는 '인물 자랑'은 준수한 외모를 가리키는 걸까 아니면 지역의 인재를 의미하는 걸까. 지역의 역사를 공부하면서 나는 이 두 개가 원래 의미와 거리가 멀다는 생각을 가질 수밖에 없었다.

　"순천에서 인물 자랑하지 말라"는 말은 순천에 생활이 부유하고 옷을 잘 입는 지주들이 많은 실태를 증언한다. 이를테면 1931년 5월 3일자 『동아일보』는 보성에 가서 말 잘하는 체하지 말고, 구례에 가서 소리하는 체하지 말고, 순천에 가서 모양내는 체하지 말라는 '삼체 타령'에 대해서 알려주고 있다. 이유인즉 순천은 사치로 유명한 곳이라서 옷을 잘 입는다고 자랑하기 어려운 동네이기 때문이다. 1960년 7월 21일자 『동아일보』도 "옷 사치로 유명한 순천에 가면 옷 입은 척하지도" 말라고 보도했다. 순천 지역의 역사를 일찌감치 발굴해 온 고(故) 진인호 선생도 순천이 예로부터 '사치골'로 불렸다고 한다. 순천이 워낙 기름진 땅이 많아서 땅 부자가 많이 살았는데, 이들은 화려한 비단옷을 구한 뒤 옷 자랑을 하기에 여념이 없었다고. 이를 보건대 순천에 가서 옷 자랑하지 말라는 말이 어느 순간부터 인물 자랑하지 말라는 말로 바뀌었을 가능성이 높다.

드넓은 들, 농민 항쟁의 땅

옷 잘 입는 지주들이 많았던 만큼 순천은 지주와 소작인 사이에 갈등이 잇달아 일어났다. 지주와 소작인들은 농사짓는 땅을 매개로 고용과 피고용의 경제적 관계를 맺은 사이다. 땅이라는 생산수단을 가진 지주가 소작인에게 땅을 빌려주는 대가로 수확물 가운데 얼마를 받는 것이다. 문제는 이 관계가 매우 불공정하다는 데 있었다. 을의 처지인 소작인들은 갑에 해당하는 지주가 부당한 요구를 했을 때 이를 거절하기 어려운 구조에 있었다. 지주의 요구를 거절했다가는 언제 갑자기 지주에게 빌린 땅을 도로 빼앗길지 모르기 때문이다. 그렇다고 소작인들이 무조건 가만 있었던 것은 아니었다. 지주의 부당한 요구가 임계점에 넘어설 때 소작인들은 집단행동에 나섰다.

마침내 순천의 농민들은 보릿고개와 가혹한 세금 징수에 맞서 싸우기 시작했다. 1901년과 1902년에 연달아 발생한 이 농민 봉기는 다른 지역에서 볼 수 없는 사건이었다. 그야말로 순천 사람들의 저항 의식을 단적으로 보여주고 있다. 이때 달구어진 저항 의식은 20년이 지나서 식민지 조선 최초의 소작 쟁의를 가능케 했다. 즉, 1922년 12월 순천군 서면(西面)에서 1천 6백여 명에 이르는 농민들이 지주의 횡포에 분개하여 저항의 기치를 올렸었다. 이들은 토지의 수익에 부과하는 세금의 일종인 지세(地稅)를 지주들이 내야 한다며 면사무소와 주재소로 몰려가 시위를 벌였다. 이후 농민들의 요구는 점차 지주의 지세 부담에서 소작료 감액(4할 소작료)과 소작권 이동 반대로 바뀌어 나갔다.

그중에서 순천의 농민들이 처음으로 제기한 4할 소작료는 1920년대 농민운동을 관통하는 핵심 사항 중 하나였다. 당시 농민들이 지주에게 바쳐야 했던 소작료는 병작반수(竝作半收)의 기준에 따라 책정된 5할이었다. 지금 우리가 볼 때는 4할이나 5할이 별다른 차이가 없어 보일 수 있다. 그런데 당시 4할 소작료는 관례를 뛰어넘는 진취적인 요구사항이었다는 점에서 주목할 필요가 있다. 이는 농민들이 기존 관례를 고수하려는 지주층을 상대로 새로운 대안을 제시하고 이를 실현시키고자 한 능동적 저항방식이었기 때문이다. 이후 4할 소작료 제기는 주변 지역으로 빠르게 퍼져나갔다.

4할 소작료 제기의 확산은 농민들의 연대를 이끌었다. 1923년 2월 28일에 순천군, 여수군, 보성군, 광양군의 농민들이 한데 모여 남선농민연맹(南鮮農民聯盟)을 결성한 것이다. 남선농민연맹은 행정 단위를 넘어선 농민운동 단체라는 점에서 특기할 만하다. 이 지역들은 수 세기에 걸쳐서 형성된 생활권과 문화권을 공유하였다. 따라서 농민들은 군(郡)을 단위로 하는 행정구역이 아니라 지역적 역사성을 공유한 '전남 동부권'을 무대로 한 사회운동을 전개할 수 있었다. 이런 점에서 일제강점기 순천의 사회운동은 '전남 동부'라는 특정 블록을 지역적 정체성으로 삼았다는 특징을 갖고 있다. 이는 전남 동부권이 하나의 문화적 공동체를 이루는 문화권이었다는 것을 의미한다.

사방으로 고루 뻗은 길

그렇다면 순천은 왜 전남 동부권의 중심지로 부상할 수 있었던 걸까. 고대 시대부터 순천은 여수와 광양 일대를 다스리는 대(大)고을이었다. 예컨대, 백제시대의 순천은 '사평군(沙平郡)'이라 일컬었는데, 관할 구역이 원촌현(현 여수시 일대)과 돌산현(현 여수시 돌산읍 일대), 그리고 마로현(현 광양시 일대)이었다. 여기서 '사평'은 강가나 바닷가에 있는 넓고 큰 모래벌판을 의미한다. 이후에도 순천의 관할 구역은 여수(돌산 포함)와 광양을 크게 벗어나지 않았다. 순천의 역사를 이야기할 때는 인근 지역인 여수와 광양, 그리고 벌교(보성)와 구례까지 아우르는 열린 시각이 필요하다.

지리적으로 순천은 여수로 가는 길목에 있는 데다가 광양과 이웃하고 있다. 지금도 순천 시내권에서 광양읍으로 넘어

갈 때는 시내버스만 타도 충분히 갈 수 있다. 그리고 순천은 구례, 곡성, 벌교(보성)와 가까이 있는 만큼 전남 동부권에서 교통의 중심지로 발전할 수 있는 터에 자리 잡고 있었다. 여기에 힘입어 순천은 철도로나 도로로나 사통팔달의 도시로 발전할 수 있었다. 즉, 순천은 1930년에 광주와 여수를 잇는 철도가 생기고, 1936년에 이리와 순천을 연결하는 전라선이 깔리면서 철도교통의 도시로 발돋움하였다. 이후 1968년에 영호남을 연결하는 경전선 진주-순천 구간이 개통하면서 순천은 전라선과 경전선이 분기하는 철도교통의 도시로 이르렀다. 1973년에 대전과 순천 사이를 잇는 호남고속도로와 순천과 부산을 잇는 남해고속도로가 생긴 것도 중요하다.

이렇게 편리한 교통 조건을 발판으로 삼아 순천은 전남 동부권의 집산지로 기능했다. 순천에서 큰 장이 들어설 때마다 광양, 벌교(보성), 여수 일대에서 나는 갖가지 채소와 과일이 순천으로 몰려들었다. 3월부터 6월까지는 오이, 토마토, 고추, 무, 배추 등의 채소가, 6월부터 12월까지는 사과, 밀감, 배, 포도, 복숭아 같은 과일이 산더미처럼 쌓였다.

교통이 발달하다 보니 순천은 도시를 떠나거나 새로 이주하는 경우가 잦을 수밖에 없었다. 이는 순천이 인근 지역보다 새로운 문물을 빨리 받아들이는 데 영향을 미쳤다. 전라남도에서 순천이 목포와 광주에 이어서 미국인 선교사들의 마을이 세 번째로 들어선 이유이다. 이들의 순천 정착은 전남 동부권에서 개화의 바람을 몰고 왔다. 변요한(프레스턴), 고라복(코잇), 구례인(크레인) 선교사들이 매곡동에 터를 잡고 이곳 사람들에게 기독교와 신학문을 가르친 것이다. 또 이들은 지금의 매산고등학교에 안력산 병원을 세워 근대 의술로 사람들의 병을 치료해 주었다. 한마디로 말해 순천은 전남 동부권에서 가장 먼저 서양 문물을 받아들였던 곳이다.

바다에서 본 순천

기찻길과 도로가 깔리기 전에도 순천은 교통의 요충지였다. 순천은 남쪽 바다를 멀리 보며 열려있는 길고 가파른 지형의 계곡과 같다. 순천은 서쪽─북쪽─동쪽 방향으로 조계산, 오성산, 유치산, 문유산, 바랑산, 계족산 등으로 둘러싸여 있기 때문이다. 이러한 지리적 요건은 내륙으로부터의 육상접근을 막아 버리기에 충분했다. 고대 시대의 순천 사람들이 주목한 길은 바다였다. 이들은 자연스럽게 순천을 가로지르는 동천(東川)을 따라가다 보면 순천만과 남해로 이어진다는 사실을 알았다. 힘들게 산을 넘어가기보다 배를 타고 바다를 항해하는 게 여러모로 낫다는 판단이 들었을 터. 고대 시대의 순천 사람들은 물길이 통하는 땅에 모여들어 터전을 일구었다.

가령 운평리 유적은 청동기에서부터 가야에 이르는 순천의 물길문화를 잘 보여준다. 동천 물길에 자리한 운평리 유적은 청동기문화의 상징인 고인돌이 다수 발굴되었다. 또한, 삼한시대와 삼국시대의 무덤들도 상당히 많이 나왔는데, 발굴당시 대가야 세력의 영향력을 짐작하게 만드는 유물의 등장으로 학계가 시끌시끌했다. 운평리 유적이 발견된 매봉산 기슭은 동천의 지류인 서천(西川)과 그리 멀지 않다. 이로 보건대 운평리 유적의 정치세력은 동천의 물길을 따라 순천만을 오고 갔을 것이다. 게다가 운평리 유적 근처에는 조선시대까지 배가 드나들었던 '배들마을'이 있었다고 한다.

동천이 흘러 흘러 순천만과 가까워질 무렵에 해룡산성이 나온다. 나지막한 야산 기슭에 있는 해룡산성은 이미 명칭에서부터 바다와 뗄 수 없는 뉘앙스를 풍기고 있다. 해룡산성은 고려를 창시한 태조 왕건을 도왔던 해상세력 출신의 박영규가 터를 잡고 자신의 세력을 키워나갔던 곳이다. 참고로 해룡산성 너머는 순천만 국가정원의 한국정원과 맞닿아 있다. 입지상 해룡산성의 동북쪽으로는 동천이, 서남쪽으로는 이사천이 각각 흐른다. 이 두 하천은 해룡산성에서 얼마 떨어지지 않은 남동쪽에서 합류한다. 하천의 합류 지점에서부터 해룡산성까지는 평야가 펼쳐져 있는데, 둑을 막기 전까지 이 평야 일대는 바닷물이 드나들었다. 그러니까 해룡산성 일대는 동천과 이사천이 합류하면서 바다와 만나는 천혜의 항구였다.

해룡산성 아래는 사비포(沙飛浦)라는 항구가 있었다. 아마도 해룡산성은 물길을 따라 사비포로 들어온 배와 사람을 보호하는 역할을 수행했을 것이다. 박영규는 강과 바다를 연결하는 해상교통의 요충지인 사비포에서 이루어지는 해상무역으로 경제적 부를 쌓고, 해룡산성이라는 군사력을 앞세워 지역의 군장으로 성장하지 않았나 싶다. 그가 활동하던 당시는 한국사에서 해상활동이 가장 활발하던 시기 중 하나였다. 그리고 해룡산성이 자리한 순천만 일대는 해상활동에 매우 적합한 지리적인 여건을 갖추었다. 우리는 보통 물길을 다리를 놓아 건너가는 대상으로만 인식한다. 그런데 관점을 바꾸어 동천의 물줄기를 따라 순천의 역사를 더듬어 보면 다른 풍경이 펼쳐질지 모른다. 물길을 통한 이동과 교류는 고대 시대의 순천을 이해하는 데 가장 중요한 요소이다.

박영규가 출세를 위해 선택한 방법은 일종의 정략결혼이었다. 박영규는 후백제를 세운 견훤의 딸과 혼인한 사이였다. 다시 말해 박영규는 순천 출신의 군장(君長)으로서 견훤의 사위라는 어마어마한 스펙을 가졌다. 그러다 보니 옛날 마을 주민들은 해룡산성을 '견훤성'으로 불렀다고 한다. 견훤이 후백제 내부의 권력다툼에서 밀려나 고려에 투항하자 박영규도 장인을 뒤따랐다. 박영규의 망명은 고려가 후백제를 통합하는 데 큰 영향을 미쳤을 것이다. 여기에 대한 보상으로 태조 왕건은 박영규에게 극진한 대우를 아끼지 않았는데, 심지어 박영규의 세 딸을 각각 자신의 부인과 아들 정종의 왕후로 맞이하였다. 박영규는 자신의 세 딸이 고려 왕과 혼인한 외척 가문으로 승승장구했다. 그 이면에는 박영규를 매개로 전남 동부권에 대한 영향력을 강화하고 옛 후백제 지역 주민의 반감을 누그러뜨리려는 태조 왕건의 정치적 계산이 작용하고 있었다.

순천의 세 수호신

이후 사비포는 고려시대에 조양포(潮陽浦)로 불렸다가 세금으로 납부한 곡물을 보관하는 해창(海倉)이 되었다. 그러나 사비포는 고려말에 왜구의 침입으로 폐허가 되어버렸다. 사비포와 해룡산성에서 천하를 호령하던 박영규는 죽어서 산신(山神)이 되었다. 이는 그가 활동했던 해룡산에 박영규를 신으로 모시는 사당이 지어졌음을 의미한다. 이른바 해룡산사(海龍山祠)이다. 해룡산사는 고려 중기에 만들어져서 조선시대까지 존속했던 것으로 보인다. 아마도 해룡산사를 관장하는 토착 세력이 조선시대에도 지역사회에 영향력을 발휘했던 모양이다. 다만, 1784년에 편찬된 『강남악부』는 해룡산사가 옛날에 있었어도 『강남악부』를 작성할 당시에 이미 없어진 상황이라는 걸 기록하고 있다. 이 기록은 해룡산사가 적어도 18세기 중엽 이전에 사라져 버렸다는 것을 의미한다. 『강남악부』는 조현범이라는 인물이 순천의 역사와 풍속을 한시로 기록한 책이다.

재미있는 사실은 박영규의 후예인 박난봉도 죽어서 산신으로 추앙을 받았다는 점이다. 박난봉은 무신정권 시기(12세기 중엽)를 살았던 인물로 보인다. 그는 순천 박씨의 실질적인 시조로서 박영규와 달리 내륙지역을 거점으로 활동했다. 이는 박난봉이 순천의 내륙에 해당하는 인제산(麟蹄山)에 성을 쌓았기 때문이다. 고려 초에 성행한 해상세력이 왕권 강화의 과정을 거치며 위축된 결과였다. 전해져오는 이야기에 따르면, 박난봉은 산신이 되었으나 후손들이 자신에게 제사를 지내지 않자 꿈에 나타나 사당 건립을 호소했다고 한다. 이 과정에서 이환생이라는 사람이 중간에 사당 건립에 필요한 돈을 착복하자 박난봉은 이환생의 꿈에 나타나서 그를 꾸짖었다. 자신의 잘못을 뉘우친 이환생은 남은 돈으로 초라하게나마 인제산에 사당을 지었다고 한다. 우여곡절 끝에 지어진 사당인 셈이다.

순천 박씨의 조상인 박영규와 박난봉이 죽어서 산신(山神)이 되었다면, 순천 김씨의 시조인 김총은 후세 사람들에게 성황신(城隍神)으로 여겨졌다. 박영규와 비슷한 시기에 활동했던 김총은 견훤의 측근이었던 것으로 보인다. 성황신이라는건 방어시설을 주관하는 수호신을 가리킨다. 조현범의『강남악부』는 봄과 가을에 성황제가 이루어지고 있다고 하니, 조선후기에도 순천 사람들은 김총을 성황신으로 추앙하고 있었던것이다. 이는 18세기 중엽 이전에 없어진 해룡산신 박영규와후손들에게 잊혀진 인제산신 박난봉과 대비된다. 그래서인지몰라도 김총의 초상화가 남아 있다. 현재 순천시 주암면 주암리에 위치한 동원재에 김총 초상화가 보존되어 있다. 김총을성황신으로 모신 사당은 원래 순천 시내권에 있는 봉화산에있었는데, 어느 순간부터 여수 진례산으로 옮겨졌다. 당시 여수는 1897년에 독립하기까지 순천의 행정구역이었으므로 충분히 가능한 일이었다.

순천은 세 명이나 되는 역사적 인물을 신격화했다는 점에서 무척 특이하다. 그래서 예로부터 순천을 '삼산이수(三山二水)'의 고장이라고 했을 때, 삼산이 의미하는 산을 두고 봉우리가 세 개인 용당동의 '원산(圓山)' 내지 순천의 수호신들이 있는 '세 개의 산'을 지칭한다고 보는 입장으로 갈리는 듯하다. '이수(二水)'의 경우도 마찬가지다. 혹자는 이수가 동천과 옥천이라고 말하고, 다른 이는 동천과 이사천이라고 주장한다. 사실 삼산이수가 지칭하는 것이 무엇인지를 정확하게 따지는 일은 크게 중요하지 않다고 본다. '소강남'이란 말이 중국에서 유래했듯이 '삼산이수'도 중국의 대표적인 시인 이백에게서 나온 말이기 때문이다. 시인 이백은 중국 금릉의 아름다운 자연을 노래하며 '삼산이수'라는 표현을 썼다. 아마도 이백의 시가 널리 알려지면서 삼산이수는 자연 경치가 뛰어난 고을을 부르는 일종의 관용어가 된듯하다.

고향을 떠나야 했던 사람들

그러나 아무리 땅이 기름지고 기후가 좋다고 한들 고향을 등지고 떠났던 사람들이 있었다. 이들이 머나먼 만주를 향해 이주를 택한 건 고향에 '살만한 자리란 자리는 다 빼앗기고 발들여놓을' 데가 없었기 때문이다. 먹고 살길이 막막한 이들은 쫓기다시피 사나운 만주로 흘러가 강냉이 조밥을 먹으며 온갖 고생을 감수해야 했다. 1927년 12월 2일, 광주역 앞에는 남루한 의복을 입은 사람들이 보따리를 들고 나타났다. 신문기자가 물어보니 이들은 순천군 상사면에 살고 있던 사람들이었다. 사연인즉 이들은 "생활 곤란에 끌려 오든바 더욱 핍박을 느끼게 되어 할 수 없이 고국을 등지고" 이주를 선택한 것이었다. 없는 살림에 이들은 3박 4일을 걸어 광주역으로 도착했다. 이들이 만주행 기차에 몸을 실은 건 1927년 12월 3일 저녁 7시경. 매서운 만주의 겨울바람을 맞으며 고향을 떠나야 했던 이들의 심정은 어땠을까.

도둑같이 찾아온 해방을 맞아 순천에는 온갖 사연을 가진 사람들이 몰려들었다. 등에는 괴나리봇짐을 지고 두 손에 바가지 들고 북으로 멀리 떠난 이들이 만주에서 돌아오기 시작한 것이다. 일본의 어느 탄광으로 끌려갔다던 누군가는 위아래 이를 부득부득 갈면서 고향으로 돌아왔다. 혹은 징병이나 강제징용으로 일본과 남양군도 등을 전전했던 청춘들이 있었다. 그중에서는 일본군 '위안부'로 말 못할 사연을 혼자 짊어져야 했던 경우도 있었다. 그러면서 만세 소리가 이 마을 저 마을 바람결에 나부낀다. 온갖 사연으로 고향을 떠났다가 해방을 맞아 다시 돌아온 이들을 '귀환동포'라 부른다. 그런데 막상 고향에 다시 돌아왔어도 먹고 사는 일은 여전히 막막했다. 하나둘씩 모여들더니 신사(神社)가 있었던 터가 귀환동포 마을로 바뀌어 갔다. 여기 말고도 별량면과 황전면에 귀환동포들이 모여 살았던 마을이 있었다.

주지하다시피 순천은 여순사건이 벌어진 주요 현장이었다. 지역에서는 '반란의 고장'이라는 부정적 인식을 불식시키기 위해 항쟁의 측면을 강조하고 있는 분위기다. 이 부분에 대한 평가는 차치하더라도 내가 주목하고 싶은 건 이념대립의 와중에 고향을 떠나야 했던 사람들이다. 소위 '반란군'을 진압하기 위해 온 국군은 적의 보급로를 끊고자 소개(疏開) 작전을 펼쳤다. 단지 '반란군'과 가까운 곳에 살고 있다는 이유만으로 많은 사람들이 고향을 등져야 했다. 전쟁이 끝난 후 누군가는 새로 이주한 곳에 정착했지만, 다시 고향으로 돌아오는 이들도 있었다. 그런데 웬걸. 한 세대쯤 지나서 이제야 조금 살만해졌더니, 이제는 다목적 댐을 만들어야 하니 고향을 떠나달라는 통보가 날아왔다. 불과 40여 년의 시간을 두고 여순사건과 수몰의 역사가 맞닿아 있는 것이다.

그 밖에도 정주가 아니라 이주의 관점으로 봐야 포착할 수 있는 역사가 있다. 이를테면, 순천시 외서면에 터를 일궜던 한 음성 한센인 정착촌은 1990년대 후반에 혐오시설이라는 이유로 쫓겨나다시피 사라져 버렸다. 추방 이후 이들은 어디로 가버렸을까. 지역개발이라는 명목으로 없어진 마을도 상당하다. 순천시 해룡면에서는 산업단지와 신도심 조성으로 사라진 마을들이 적지 않다. "다른 지역으로 이주하기에 앞서 마지막이 된 2011년 설날을 기하여 마을 잔치를 성대히 치루기도 하였다"든지 "마을 주민들은 터전을 잃지 않고자 약 3년 정도를 버티다 결국 주민 전체가 뿔뿔이 흩어지고 말았다"라는 문구가 아무도 관심을 갖지 않는 망향비에 새겨져 있을 뿐이다.

생태도시로의 여정

각설하고 다시 순천의 바다로 돌아가 보자. 순천은 1990년대 중후반에서야 연안습지 순천만을 재발견하기 시작했다. 그전까지 순천만은 소금기 강한 해무와 비릿한 해풍을 온몸으로 맞으며 밀물과 썰물의 물때에 따라 살아가는 한적한 갯마을이었을 뿐이다. 순천의 바다는 철썩거리며 흰 물거품을 말아 올렸다가 부서지는 파도 소리가 나지 않지만 썰물 때에 드넓은 갯벌이 펼쳐지는 광경을 선보인다. 키보다 높은 갈대는 숲을 이루고 이리저리 하늘거리기 일쑤다. 순천은 다른 도시가 개발 의지를 가지고 공장을 세울 때 순천만을 복원해 생명의 땅을 만들고자 노력했다. 다른 도시의 발걸음과 반대 방향으로 향하는 순천을 보고 처음에는 모두 우려를 표했다. 그러나 흑두루미를 비롯한 철새가 날아오고 탐방객이 늘어나자 주변의 우려는 쏙 들어갔다. 순천만 습지에 새겨져 있던 사람의 흔적을 지우고 철새가 더 안전하게 머물다 갈 수 있게 하자 도시는 생태도시로 탈바꿈하게 되었다.

1990년대에 순천만을 지키기 위한 지역 사회의 노력과 2000년대 이후 순천만을 보전하기 위해 지자체가 수행한 다양한 정책과 사업들, 그리고 국제정원박람회 개최를 비롯하여 생태도시의 국제적 규범과 가치를 추구한 거버넌스는 순천을 '생태도시'로 만들어가는 데 중요한 역할을 했다. 주민–시민단체–지자체가 함께 순천만의 생태적 가치를 인식하고 보존해나가려는 노력은 인간과 자연이 공생하기 위해서 무엇을 해야 하는지를 물어보게 만든다. 순천만 습지는 생태계의 보전만으로도 지속 가능한 도시의 원동력이 될 수 있음을 보여준 사례에 해당할 것이다. 물론 생태도시를 만들어가기 위한 숙제는 아직 많이 남아 있다. 도심 속으로 조금만 들어가면 무엇이 생태도시인지를 체감하기 어려운 게 사실이니까 말이다. 그래서 최근에는 순천이 자동차 중심도시에서 보행자 중심도시로 전환해야 한다는 여론이 대두하고 있다. 차선을 늘이고 주차 공간을 확보하는 방식이 아니라 보행환경을 개선하고 자동차 없이도 생활에 지장이 없는 도시 계획을 마련할 필요가 있다. 생태도시로의 여정은 여전히 진행 중이다.

01

순천역
경전선과 전라선이 교차하는 철도교통의 요충지

철도역은 도시의 관문이자 설렘과 기쁨, 그리고 슬픔이 교차하는 장소이다. 먼저 철도역은 도시를 처음 방문하는 이들을 맞이하는 관문의 역할을 한다. 그래서 여행자들에게 철도역은 여행의 기대와 흥분을 안겨주는 설렘의 장소로 다가온다. 적지 않은 로맨스 영화의 배경이 기차나 철도역인 이유는 무엇일까. 그건 철도역이 사랑하는 사람을 만나는 플랫폼의 기능을 하기 때문이 아닐까. 한편 철도역은 저 멀리 다른 지역으로 자식을 떠나보내거나 연인과 헤어져야 하는 슬픔을 머금기도 한다. 방학을 맞이하여 왁자지껄 놀았던 친척들을 환영하거나 배웅하는 모습도 철도역에서 심심치 않게 볼 수 있다. 이렇게 떠나는 기차와 이제 막 도착한 기차 어딘가에 우리네 인생이 담겨 있다.

호남교통의 요충지로 부상하다

한적한 읍성도시인 순천에 철도가 깔리기 시작한 시기는 1930년이었다. 이때는 전라남도의 연해안을 둘러서 호남을 횡단하는 광여선이 만들어졌다. 광여선은 광주와 여수를 연결하는 기차 노선인 만큼 지리적 여건상 광주와 여수를 오고 갈 때 반드시 순천을 거쳐 가야 했다. 따라서 순천은 광여선의 부설을 계기로 철도와 철도역을 갖추면서 철도 시대를 열 수 있었다. 거기에 1936년에 이루어진 전라선의 개통으로 순천은 철도 교통의 거점도시로 발전할 수 있었다. 전라선은 익산에서 전주를 거쳐 여수까지 이어지는 기찻길로서 호남 지역을 남북으로 관통하는 철도였다. 순천은 광여선과 전라선이 교차하는 교통 도시로 발돋움하면서 전남 철도의 중심지로 부상할 수 있었다.

철도는 도시의 변화를 이끌었다. 철도가 깔리면 철도역을 중심으로 도시의 확산과 재편이 이루어진 덕분이다. 더 나아가 철도는 근대 도시의 흥망성쇠를 결정하는 키워드였다. 비록 과거에 작은 도시에 불과한 지역이라 할지라도 철도의 조성과 함께 큰 도시로 발전하는 경우가 있었다. 반대로 전통적인 대도시 중에서는 철도가 지나지 않으면서 쇠퇴의 길을 걷는 곳이 있었다. 읍성 지역을 중심으로 띄엄띄엄 촌락이 형성되어 있던 순천은 철도가 들어서면서 근대 도시로 변모했다. 이는 단순히 일제가 한국을 근대화시켰다는 식민지 근대화론을 이야기하는 게 아니다. 그보다는 일제가 식민지 수탈을 위해 철도를 깔았고, 이 과정에서 순천의 도시화가 이루어졌다고 볼 수 있다.

순천이 관광 도시로의 명성을 얻기 시작한 시기도 이 무렵부터였다. 1930년대 중반에 이르면 순천의 조계산 단풍을 구경하러 온 기차 여행자를 위한 안내문이 신문에 등장하기 시작한다. 이때만 해도 기차를 타고 서울에서 순천까지 한달음에 간다는 건 엄청난 혁신에 가까웠다. 시대적 특성상 순천을 거쳐 여수로 가면 배를 타고 일본으로 건너가는 일도 가능했다. 철도의 등장은 순천이 교통 도시와 관광 도시로 성장할 수 있게 한 가장 중요한 기반시설이었다.

급수탑, 순천의 근대문화유산

순천역에서 내릴 때 무심코 지나치지 말아야 하는 경관이 있다. 기차에서 내린 후 주위를 둘러보면서 투박하게 생긴 콘크

리트 건물을 찾아보자. 바로 급수탑이다. 급수탑은 증기기관차에 물을 공급하기 위해 세운 근대 건축물이다. 증기기관차는 석탄으로 물을 데워 발생한 증기의 압력으로 움직이는 열차다. 원활하게 증기기관차를 운행하기 위해서는 주요 철도역마다 물을 공급받아야 했으므로 일종의 물탱크인 급수탑을 주요 철도역마다 만들었다. 도시와 도시를 이어주는 교통수단이 기차가 유일했던 시절에는 급수탑이 도시의 주요 시설이나 마찬가지였다. 한 겨울철에 한파가 불어 급수탑이 얼어붙는 날

순천역 급수탑 순천역 급수탑은 1936년에 제작된 급수시설로서 120t의 용량을 저장할 수 있다. 하부의 기계실과 상부의 저수조가 일체형으로 이루어져 있다. 벽면을 따라 높낮이가 다른 4개의 아치형 개구부가 있다. 전반적으로 연천역·영천역·원주역의 급수탑과 유사한 건축양식을 보이고 있다.

에는 기차도 꼼짝없이 가만히 있어야 했던 시절이 있었다.

따라서 급수탑과 증기기관차는 떼려야 뗄 수 없는 사이다. 급수탑의 역사는 증기기관차의 역사와 궤를 함께한다. 증기기관차가 왕성하게 움직였던 일제강점기에는 급수탑도 전성기를 누렸으나 1960년대부터 증기기관차가 사라지면서 급수탑도 대부분 없어졌다. 현재 전국에는 20개 지역에 22기의 급수탑이 남아있다. 그중에서는 순천역의 급수탑도 포함되어 있다. 1936년에 전라선이 부설되는 과정에서 순천역의 급수탑이 만들어진 것이다. 이는 순천역이 증기기관차 운용에 주요한 거점이었다는 점을 말해준다. 아무래도 순천역은 광여선과 전라선이 드나드는 분기역이었으니까.

급수탑은 한국 철도의 역사와 근대 건축사를 엿볼 수 있는 근대 건축물이다. 근대 기계문명의 현장이자 상징적인 장소이다. 2003년부터는 급수탑을 국가등록 문화재로 지정하여 근대문화유산으로 보호하려는 정책을 취하고 있다. 국가유산청 홈페이지에 들어가서 확인해 보니 22기의 급수탑 가운데 12기가 국가등록문화유산으로 지정된 상태이다. 아쉽게도 순천역 급수탑은 등록문화재로 지정되어 있지 않다. 아마도 급수탑은 순천을 여행하는 이들이 처음 마주하는 근대문화유산일 것이다. 다만, 그동안에는 제대로 된 소개가 이루어지지 못했기에 수많은 사람이 무심코 지나쳤을 뿐이다. 이 글을 읽고 순천 여행에 나선 분이 있다면, 기차에서 내려 순천역을 나가기 전에 급수탑을 눈에 담아가라고 권하고 싶다.

한국 현대사의 축소판

순천역은 한국 현대사의 축소판과 다름없다. 8·15해방을 맞아 일본과 만주로 멀리 떠난 이들이 귀환했을 때였다. 일제강점기에 일본이나 중국으로 이주했거나 강제 동원되었다가 일본이 패전하자 고향으로 돌아온 이들을 '귀환동포'라 부른다. 1945년 12월 순천중학교 1학년에 재학 중인 조명훈(1931~2006)은 겨울방학 숙제로 순천의 실태를 조사하는 와중에 귀환동포에 관한 이야기를 남겼다. 조명훈의 기록을 따라가 보자. 그가 알아본 바에 따르면 1945년 12월을 기준으로 2만 2천여 명의 귀환동포가 순천에 들어왔다. 조명훈은 해방 이후 순천역 일대의 공간구조를 「순천역 약도」라는 지도로 기록해 두었는데, 이 지도에서 해방공간의 시대상이 잘 드러나는 부분이 동포구제소이다. 순천역 앞에 천막을 친 동포구제소는 귀환 동포들에게 여러 가지 도움의 손길을 주었다. 그런데 막상 고향에 돌아왔어도 먹고 사는 일은 여전히 막막했다. 다행히 귀환 동포들은 순천고등학교 뒤편에 위치한 신사 터에 보금자리를 마련할 수 있었다.

여순사건 때도 순천역은 현대사의 축소판이나 마찬가지였다. 1948년 10월 20일 아침, 여수에서 봉기를 일으킨 14연대는 통근 열차를 타고 순천으로 진출했다. 이때 순천역은 14연대가 인근 지역으로 진출한 첫 번째 장소였다는 점에서 여순사건의 확산 과정을 상징적으로 보여준다. 어떻게 보면 본격적인 여순사건은 순천역에서 시작되었다고 해도 볼 수 있다. 여순사건이 벌어지고 난 후 국군의 과잉 진압으로 수많은 사람이 억울하게 죽어 나갈 때였다. 이 과정에서 순천역에 근무하던 철도 노동자들도 여순사건의 여파에 휩쓸려야 했다. 이들은 14연대에게 기차를 징발당한 일로 반란군의 협조자로 몰려 총살을 당했다. 순천역 주변인 죽도봉 골짜기와 생목동 공동묘지에 여순사건의 비극이 얽혀 있는 이유이다.

이번에는 동족상잔의 비극이 벌어진 한국전쟁 때의 일이다. 1950년 7월 22일 순천과 여수의 학생들이 순천역에 집결했다. 이들은 고작 9일 동안의 훈련을 받고 학도병으로 참전한 학생들이었다. 학도병이란 병역의무가 없는 학생들이 나라를 지키기 위해 총을 든 이들을 말한다. 이때 이들의 나이는 고작 15살에서 18살 정도밖에 되지 않았다. 학도병들은 처음에 남원으로 진출했으나 호남 지역의 방어선이 무너지면서 국군이 후퇴를 거듭하는 긴박한 상황을 맞이했다. 그 과정에서 학도병들이 다다른 곳은 하동 화개장이었다. 여기서 그들은 무기와 병력의 열세 속에서 북한군의 진격을 막는 데 일조를 했다.

전쟁의 참화로 없어질 뻔한 적도 있었다. 한국전쟁 때 미 공군은 적의 보급로를 끊어내는 차단작전(interdiction)을 구사했다. 미 공군은 차단작전이라는 명목하에 북한의 주요 도시들을 폭격으로 파괴했다. 그런데 북한군의 보급로가 남한 지역으로 확대되면서 미 공군의 폭격 범위도 넓어졌다. 미 공군은 남한 지역의 교통요충지도 파괴하기 시작한 것이다. 1950년 8월 7~8일에 순천역 일대가 미 공군의 폭격으로 폭파된 이유이다. 현재 순천역 폭파 장면은 미국의 국립문서기록관리청(NARA)이 소장한 자료를 통해서 확인할 수 있다. 사진은 순천역의 기관고(기차를 넣어두거나 수리하는 차고)가 미 공군의 폭격으로 파괴된 모습을 담고 있다. 멀리서 한 컷, 조금 더 가깝게 한 컷, 그리고 다른 각도로 한 컷. 아마 폭탄이 떨어지는 각도가 조금만 틀어졌어도 기관고가 아니라 급수탑이 없어질 뻔했을 수도 있었다.

순천 역전의 화려한 변신

정확히 언제부터인지는 알 수 없지만, 순천역 앞 광장은 새벽

순천역 폭격 사진(1950) 1950년 8월 7일 미 공군이 순천역 일대를 폭격한 광경이다. 사진 중앙에 우뚝 솟아있는 급수탑의 주변으로 검은 연기와 이제 막 폭발하는 하얀 연기가 피어오르고 있다. 연기에 가려져 있지만, 순천역전, 동천일대, 경전선 철교 등을 살펴볼 수 있다.

마다 어시장이 열렸다. 1978년 전남일보는 순천역 앞의 어시장이 도로를 침범해서 일어나는 교통 문제를 보도할 정도였다. 1979년 10월에 역전시장이 정식으로 개설된 배경에는 순천역 앞에 무분별하게 난립한 어시장을 해결하기 위한 측면이 있다. 역전시장은 어시장을 바탕으로 한 만큼 40년이 넘도록 전남 동부권의 최대 수산물 새벽시장으로 활기가 넘친다. 이른 새벽에 역전시장을 가면 가장 저렴하게 수산물을 구입할 수 있는 곳이기도 하다. 또한 역전시장은 과일, 떡, 채소, 수산물, 반찬 등이 골목별로 형성되어 있어서 볼거리가 꽤나 많다.

역전시장의 대명사는 발고기다. 이 말은 역전시장에서만 통용되는 음식 이름이다. 발고기의 유래와 관련해서는 발로 뛰어다니며 잡은 물고기라는 설과 통발로 잡은 물고기라는 설이 있다. 정확한 유래가 무엇이든 발고기는 인근에서 갓 잡은 아주 싱싱한 물고기를 말한다. 그래서 역전시장 일대를 둘러보면 '발고기 전문'이라고 써 붙인 식당들을 쉽게 볼 수 있다. 발고기의 가장 큰 매력은 계절마다 맛볼 수 있는 물고기가 다르다는 것이다. 발고기를 맛보고 싶다면 서둘러 새벽의 역전시장을 방문해 보자.

지금은 코로나19 팬데믹을 계기로 볼 수 없게 되어버렸지만 한때 순천역은 내일로 티켓을 이용해 전국을 여행하는 청년들로 붐볐다. 내일로 티켓은 7일간 전국 방방곡곡 기차여행을 누빌 수 있는 여행 상품인 만큼 청년들에게 큰 인기를 끌었다. 순천은 경전선과 전라선이 교차하는 철도 교통의 요지인만큼, 시간과 동선을 최대한 효율적으로 짜야 하는 내일러(내일로 여행자)들에게 더없이 좋은 곳이었다. 덕분에 순천은 내일러들 사이에 '성지'로 통했다. 순천은 내일로의 시행과 맞물려 철도여행의 메카로 급부상한 셈이다.

이러한 흐름에 맞추어 순천 역전은 빠르게 변하고 있다. 순천 역전 일대에 청춘 여행객들의 감성에 맞는 공간이 하나둘 들어서기 시작한 것이다. 지저분한 간판을 건 모텔과 여관이 깔끔한 게스트하우스로 바뀌는 건 물론이고, 청춘창고, 유익한 상점, 밀림슈퍼, 책방 심다 등 특색 있는 공간들이 하나둘 등장하기 시작했다. 순천역 인근 거리의 분위기는 청년 여행객들과 그들을 맞이하는 젊은 사장들로 인해 크게 달라졌다. 그런 점에서 순천은 내일로의 혜택을 가장 많이 받은 도시 중 하나였다고 할 수 있다.

역전시장 역전시장은 일제강점기에 철도 노선이 구축되고 기차망이 발달하면서 생겨난 장터이다. 순천역 맞은편에 있는 순천역전시장은 매일 새벽 북적북적한 아침장이 들어서는 곳이다. 위치에 따라 수산, 식재료, 청과, 정육점, 음식점 등 다양한 업종이 분포해 있다. 그중에서도 도시 블록을 가로지르는 아케이드에는 수산물 거리가 형성되어 있다.

02

철도관사마을
기찻길 너머 마을을 일구다

이들은 명절도 생일도 없이 기차역으로 출근했다. 누군가는 작업복이 시꺼멓게 해지도록 기차를 몰았고, 다른 누군가는 검수 망치를 들고 기차의 상태를 살펴보았다. 여행 또는 귀향의 발걸음으로 기차역에 온 이들을 맞이하는 일도 빼놓을 수 없다. 사고도 많았다. 기차가 전복되기도 했고, 선로 작업 중에 열차에 치여 숨지는 일도 있었다. 아침에 나가면 다음 날 아침에 들어오는 일이 허다했다. 고되고 힘들지만, 이 일이 천직이라 여기고 30~40년 이상의 철도 외길을 걸으신 분들이 있다. 이름하여 철도 노동자. 그리고 순천에는 이들이 모여 사는 마을이 있다. 바로 조곡동 철도관사마을이다.

철도관사, 근대 순천의 타운하우스

조곡동 철도관사마을은 1936년에 전라선이 깔리면서 조성된 동네다. 철도관사란 철도 당국이 직원들의 주거복지를 위해 만든 주거 공간을 말한다. 여기에는 주택난 해결이라는 문제뿐만 아니라 업무의 효율화라는 요소가 작용했다. 즉, 철도 당국은 철도 운영을 원활하게 하고자 근무지 근처에 주거시설을 제공하는 철도관사 제도를 시행한 것이다. 1899년 경인 철도를 부설할 때만 해도 일본인 철도기술자와 조선인 노동자들을 위한 숙소를 가건물로 세웠다. 그런데 조선을 침략하는 과정에서 철도 운영이 본격화되자 임시로 짓던 숙소를 항구적인 주거시설로 바꾸기 시작했다.

철도관사는 역의 위상과 업무 규모에 따라 소규모 역 관사와 대규모 집단관사로 나눌 수 있다. 철도관사의 대부분을 차지하는 소규모 역 관사는 철도 직원들의 신속한 대응을 위해 역 근처에 만들어졌다. 대략 2~5동의 작은 규모로 지어졌다. 반면에 지방철도국이나 철도사무소가 있었던 역에는 수십에서 수백 개의 규모로 지어진 대규모 집단관사가 있었다. 흥미로운 점은 철도관사를 통해 온돌문화가 일본인의 주거시설로 퍼져나갔다는 사실이다. 철도관사는 기본적으로 전통적인 일본 주거 양식에 서양식을 접목한 형태를 취했다. 그런데

철도관사 철도관사는 두 가구가 좌우 대칭으로 마주 붙은 기다란 연립형으로 조성되었다. 다시 말해서 한 지붕을 두 집이 나누어 사용한 셈이다. 조곡동 철도관사마을에는 여러 채의 관사 건물이 남아 있는데, 두 가구 연립형이 그대로 보존되어 있는 유형과 한쪽이 철거된 유형으로 나눌 수 있다. 또한 건물이 지어질 때 부여된 관사 번호가 남아 있는 경우가 있다.

1920년대 후반부터 온돌을 갖추기 시작한 철도관사가 하나둘 생겨났다. 조선에 거주하는 일본인들이 한국의 기후와 풍토에 맞게 주택을 개선한 것이다.

잊지 말아야 할 사실은 철도관사가 일제의 식민 지배와 맞물려 나타난 주거 공간이라는 점이다. 해방 전까지 철도관사에 살았던 이들은 일본인들이었다. 이는 철도관사가 조선인과의 격리 거주를 통해 자신들의 우월성을 나타내려는 식민지 정책의 일환이었음을 알 수 있다. 이 점을 유의하고 보자. 그러면 철도관사가 동업인의 집단 주거지라는 새로운 문화를 창출했으며 근대 주거 문명의 한 부분을 이끌어 갔다는 사실을 알 수 있다. 아쉽게도 1980년대에 들어서면서 철도관사는 도시재개발의 열풍과 함께 대부분 없어지고 말았다. 약간 남아있는 철도관사조차도 변형되거나 폐가의 상태에 놓여있다. 이러한 점에서 순천 조곡동에 위치한 철도관사마을은 일제강점기에 조성된 대규모 철도관사가 거의 원형 그대로 보존된 곳이라는 점에서 의미가 크다.

철도관사의 가장 큰 특징은 등급제이다. 철도관사는 거주하는 직원의 직급에 따라 구조와 규모 등이 정해져 있기 때문이다. 조곡동 철도관사마을의 경우 4등 1세대, 5등 8세대, 6등 11세대, 7등(갑) 28세대, 7등(을) 56세대, 8등 48세대로 총 152세대로 구성되었다. 이 중에서 단독건물인 경우는 4등 관사와 6등 관사 1동뿐이다. 나머지는 모두 2가구가 사는 연립주택으로 지어졌다. 철도사무소장에게 주어진 4등 관사는 수정아파트가 들어서면서 없어진 상황이다. 나머지 관사들은 개조 및 증축의 과정을 거친 경우가 상당하지만, 일본의 주거형식을 그대로 간직하고 있는 곳도 있다.

철도관사마을의 사라진 풍경들

이쯤에서 조곡동 철도관사마을의 공간적 특징을 살펴보자. 먼저 조곡동 철도관사마을은 약간 경사진 곳에 위치해 있다. 아마도 부지 선정의 과정에서 수해 피해를 크게 고려했던 것 같다. 아무래도 마을 앞에 흐르고 있는 동천을 염두에 둔 조치로 보인다. 공간적으로는 현 중앙 도로를 기준으로 2개의 블록으로 나누어져 있다. 원래 이 중앙 도로는 복개되기 전만 해도 양옆으로 벚나무가 펼쳐진 개울이었다. 그리고 이 개울에는 다섯 개의 다리가 있었다. 마을 어르신들의 구술생애사를 담은 『조곡동 관사마을이 진짜배기여』(2013)를 보면 복개로 사라진 벚나무와 개울을 그리워하는 분들이 상당히 많다는 걸 알 수 있다.

일반인들의 접근성이 좋은 초입부에는 철도운동장과 철도병원이 있었다. 철도운동장(현 시민체육공원)은 80여 년의 역사를 간직한 만큼 장소에 얽힌 이야깃거리가 많다. 1962년 8월 28일에 순천 시내의 3분의 2가 물에 잠겼을 때, 철도운동장은 수재민들의 임시거처로 사용되었다. 1987년에 팔마종합운동장이라는 다목적경기장이 생기기 전까지 지역의 웬만한 행사들은 철도운동장에서 열렸다고 한다.

현재 코레일 어린이집이 들어선 곳에는 철도병원이 있었다. 1937년 8월에 건립된 철도병원은 철도 직원과 그 가족의 건강복지, 그리고 철도 사고를 당한 환자의 치료를 위한 곳이었다. 이로써 순천은 안력산병원(1916년 개원)과 도립순천의원(1922년 개원), 그리고 철도병원을 갖춘 근대 의료도시로 발전

1970년대 철도관사마을의 풍경(1976) 1976년 10월 19일 조곡동 철도관사마을의 주민들이 모여 도로포장 기공식을 여는 장면이다. 당시 마을 이름을 '철도마을'이라고 명명한 것이 특징적이다. 사진 오른쪽에는 철도운동장이 있다. 철도병원(현 조곡동행정복지센터)에서 촬영한 것으로 보인다.

할 수 있었다. 철도병원의 처음 명칭은 철도진료소였으나 해방 후 운수병원(1947), 교통병원(1948), 철도병원(1963)의 순서로 바뀌었다. 그러다 1982년 12월에 경영상의 문제로 문을 닫고 말았다.

주민들의 복지 생활을 위해 마을 한 가운데에는 구락부와 공동 목욕장이 만들어졌다. 구락부란 클럽(club)을 일본어로 발음한 걸 한자로 옮겨 쓴 말이다. 그러니까 마을 한 가운데에는 주민들의 여가생활을 위한 복합문화공간이 조성되어 있었다. 이 구락부에서는 주민들의 다양한 모임이 이루어졌다. 연극이나 영화가 상영되기도 했다. 한국전쟁 때는 미 공군의 폭격으로 순천 철도국이 파괴되면서 구락부가 임시 사무소로 사용되었다고 했다. 현재 구락부는 철도아파트의 건립으로 없어져 버린 상태다.

모든 마을은 역사다. 이 중에서 철도관사마을은 순천의 근현대사를 선명하게 보여준다. 이를 잘 보여주는 사례가 종종 철도관사마을을 방문하는 일본인 관광객들이다. 마을 어르신들의 증언에 따르면 1970년대부터 일본인들이 철도관사마을을 찾아오는 경우가 종종 있었다. 이들은 대부분 어릴 때 철도관사마을에 생활한 경험이 있었다. 최근에도 일제강점기에 순천 철도국에 근무했던 아버지의 자취를 찾아서 마을을 방문한 일본인 할머니가 계셨다. 아무래도 철도관사마을은 처음에 일본인 철도 직원들의 주거를 위해 조성된 곳이었으니까 당연한 일일지도 모른다.

마을 박물관 이야기

마을의 풍경은 야속하게 흘러간 세월과 함께 하나둘 사라져 버리고 말았지만, 그 추억의 편린들을 볼 수 있는 곳이 있다. 바로 마을 박물관이다. 마을 초입부에 위치한 마을 박물관은 필자에게도 의미가 있다. 2019년 여름에 필자는 지자체의 의

뢰를 받아 철도관사마을 박물관 일을 맡았기 때문이다. 당시 필자는 예전에 마을 박물관을 만들어 본 적이 있어서 자신이 있었다. 하지만 이때만 해도 알지 못했다. 6개월 안에 끝나리라 생각했던 일이 1년이나 갈 줄은 말이다. 세상에 내 맘대로 되는 일이 얼마나 있겠냐만 여러 사람과 협업한다는 건 결코 쉬운 일이 아님을 새삼 깨달을 수 있었다.

철도관사마을 박물관은 2017년 7월에 개관한 적이 있었다. 그런데 공간이 늘어나면서 박물관 전시를 새로 구성할 필요성이 생겼다. 증축된 박물관에 무엇을 채우고, 어떤 이야기를 할 것인가. 필자가 맡은 일은 이 고민을 어떻게 해결한 것인가를 제시하는 것. 이야기현상소라는 디자인업체와 머리를 맞대고 철도관사마을 박물관을 어떻게 새롭게 선보일 수 있을까를 고민했다. 그 결과가 2020년 8월쯤에 이루어진 재개관으로 이어졌다. 부족한 부분도 많고 아쉬운 점도 있다. 어쨌든 철도관사마을 박물관에 들린다면 필자의 고민이 곳곳에 스며들어 있다는 사실을 기억해 줬으면 좋겠다.

새롭게 꾸민 철도관사마을 박물관은 크게 두 가지 공간으로 이루어져 있다. 하나는 한국 철도와 철도관사마을의 역사를 알 수 있는 내용이다. 새로운 자료도 찾았다. 순천 철도사무소가 조선총독부에 보낸 서류다. 철도관사마을의 부지사용을 인정해달라는 요청서였다. 이 자료에는 마을 설계도와 평면도가 첨부되어 있었다. 여러 장으로 나누어져 있던 설계도와 평면도를 한 장으로 합쳐보니 마을 형성의 전후 과정을 알수 있었다.

지인에게서 얻은 1935년 순천읍 지도도 큰 도움이 되었다. 이 자료는 철도관사마을이 만들어지기 1년 전에 작성된 지도다. 재미있게도 이 지도에는 철도관사마을이 들어설 장소를 화장장(火葬場)으로 표시하고 있다. 이를 힌트로 삼아 신문을 찾아봤더니 철도관사마을이 조성되면서 인근 화장장을 다른 곳으로 옮길 거라는 기사가 있었다. 출생의 비밀을 찾은

철도마을박물관 전경 2017년에 문을 연 철도마을박물관은 조곡동 철도관사마을의 역사를 한눈에 볼 수 있는 공간이다. 현재 전시 공간은 2020년에 리뉴얼한 것이다.

셈. 구체적인 내용은 박물관 관람을 통해 확인하시길.

다른 하나는 주민분들이 기증한 물건들을 전시한 공간이
다. 수십 년 동안의 세월을 품은 물건들이니 값을 따질 수 없
을 만큼 귀중하다. 사실 이 일이 제일 어려웠다. 제한된 공간
에 기증품들을 효율적으로 배치하는 일은 쉽지 않았기 때문
이다. 가장 인상적이었던 기증품은 한 분이 수십 년 동안 모은
월급봉투였다. 평생토록 철도 노동자로 일하며 받았던 월급
봉투를 허투루 버리지 않고 간직했던 이유는 무엇이었을까.
지금은 누렇게 바랜 종이일 뿐이지만, 여기에는 가족들을 지
키기 위해 흘렸던 피와 땀이 서려 있다. 그 무게감을 느끼는
것만으로도 철도관사마을 박물관을 방문한 보람이 될 만하다
고 생각한다.

철도관사마을의 가장 큰 매력은 주민자치다. 몇 년 전부
터 철도관사마을을 살리기 위해 주민들이 힘을 모으기 시작
했다. 주민들이 직접 마을 방송국을 운영하거나 철도 마을 축
제를 열어 마을의 진가를 다양하게 알리고 있다. 예전에 철도
배급소로 사용하던 곳을 마을사랑방이자 마을안내소 역할을
하는 카페로 만들었다. 앞에서 언급한 구술사 책도 주민자치
가 있었기 때문에 가능한 일이었다. 마을 박물관도 주민분들
의 참여가 있기에 가능했다. 조곡동 철도관사마을은 순천역

에서 그리 멀지 않다. 육교 하나만 건너면 된다. 순천의 근현대사를 알고 싶다면 철도관사마을을 꼭 한번 둘러보기를 추천한다.

03

죽도봉
도시에 떠 있는 작은 섬

여행의 필수 코스는 랜드마크다. 땅(랜드)과 이정표(마크)가 합쳐진 랜드마크는 멀리서도 보이는 곳에 세워진 대상을 가리킨다. 고대의 랜드마크는 주로 산이었지만, 시간이 흘러 차츰 사람들은 랜드마크를 직접 만들기 시작했다. 처음의 랜드마크는 탐험가들이 집으로 돌아갈 수 있도록 표식을 해둔 것이었지만, 차차 한 장소를 상징하는 건물이나 조형물 등을 가리키는 말로 바뀌었다. 그렇다면 순천의 랜드마크로는 무엇이 있을까. 사람에 따라서는 순천만 습지나 낙안읍성 등을 거론하겠지만, 나는 동천 변에 있는 죽도봉이 순천의 유서 깊은 랜드마크라 생각한다.

죽도봉의 유래와 변화

조선 시대의 지리지와 고지도는 죽도봉을 죽도(竹島) 또는 묘산도(卯山島)라 표기했다. 죽도는 죽도봉이 동천 위에 섬처럼 떠 있다 해서 붙여진 명칭이다. 아마도 죽도는 동천에 홍수가 날 때 죽도봉의 잘록하고 봉긋한 모습이 흡사 섬과 같아서 생긴 지명이지 않을까 싶다. 묘산도의 경우 죽도봉이 전통 시대의 방위 중에서 동쪽에 해당하는 묘(卯)에 위치한다 해서 붙여진 지명으로 보인다. 재미있는 사실은 1970~80년대까지만 해도 순천 사람들은 죽도봉을 죽두봉(竹頭峰)으로 불렀다는 점이다.

조선 시대에 죽도봉은 군용물자를 생산하는 곳이었다. 조선 시대 순천의 인문지리서인 『승평지』(1618)는 죽도봉을 난산도(卵山島)로 기록하고 있다. 내용을 살펴보니 난산도는 대나무 화살인 죽전(竹箭)을 생산하는 장소 중 하나였다. 정리하자면 조선 시대의 죽도봉은 순천부 읍성의 동쪽에 있는 작은 봉우리로서 화살 제작에 필요한 대나무를 생산하는 곳이었다. 즉, 조선 시대의 죽도봉은 일종의 군사시설이었던 것이다. 죽도봉이 공원으로 탈바꿈한 건 1975년에 죽두봉 공원 조성 사업이 시행되면서부터였다. 이를 계기로 죽도봉은 민둥산에서 공원으로 탈바꿈하였다.

강남정 전망대에서 바라본 시가지 죽도봉 공원의 강남정은 순천 시내를 한눈에 내려다볼 수 있는 전망으로 유명하다. 강남정의 꼭대기 층에는 무료로 사용이 가능한 망원경이 있다. 순천 시내의 야경을 눈에 담고 싶다면 죽도봉 공원의 강남정을 꼭 가볼 필요가 있다.

도시의 공원은 단순한 휴식처를 넘어 주민의 정원이자 보금자리 구실을 한다. 그런 의미에서 죽도봉은 순천의 공원이자 정원으로 많은 사랑을 받아왔다. 인근 학교의 소풍 장소로 각광받았을 뿐만 아니라 각종 백일장과 행사가 열렸던 것이다. 연인들의 데이트 코스로도 인기 만점이었다. 특히 1981년 죽도봉 정상에 세워진 강남정은 시가지를 한눈에 내려다볼 수 있는 전망대여서 순천의 명물로 주목을 받았다. 순천 사람들은 강남정보다 팔각정이라는 이름으로 부르는 게 더 익숙하지만 말이다. 죽도봉에 간다면 강남정 꼭대기에 올라가 순천의 풍경을 파노라마로 구경해보는 것도 좋다.

그런데 도시공간이 확장되고 원거리 나들이가 증가하면서 어느 순간 죽도봉은 쓸쓸한 공원으로 전락하고 말았다. 죽도봉이 다시 사람들의 관심을 받게 된 것은 2013년에 개최된 순천만 국제정원박람회였다. 순천시는 죽도봉의 가치를 재발견하면서 봉화산 둘레길을 조성하고 죽도봉 공원을 대폭 정비했다. 그 결과 죽도봉 공원은 산림청이 주최한 제13회 아름다운 숲 전국대회(2012)에서 공존상을 수상하며 대한민국의 아름다운 숲으로 선정될 수 있었다.

노블레스 오블리주를 실천한 사람들

죽도봉 공원의 특징적인 점은 순천의 역사를 집약적으로 보여주는 기념물들이 곳곳에 배치되어 있다는 사실이다. 먼저 1975년에 만들어진 팔마탑과 1977년에 건립된 연자루를 살펴보자. 팔마탑은 실물 크기의 말 한 마리가 앞발을 들고 하늘을 향해 힘차게 뛰어오르는 형상을 하고 있는데, 탑신에는 여덟 마리의 말이 새겨져 있다. 팔마탑 맞은편에 있는 연자루는 1925년에 사라진 건물을 복원한 것이다. 팔마탑과 연자루는 순천 출신의 재일동포 사업가인 김계선(1911~1994)의 성금으로 지어졌다. 현재 연자루 앞에는 김계선을 기리는 송덕비(1977)와 공덕비(2018)가 세워져 있다(2023년에는 김계선 동상이 건립되었다).

팔마탑의 동남쪽에는 일종의 광장이 펼쳐져 있다. 이곳에는 일본에서 사업가로 성공한 순천 출신의 강계중(1914~1983)을 추모하는 동상이 건립되어 있다. 그는 일본의 영농 기술을 국내에 보급했고 제주도 밀감 산업의 초석을 다진 인물이었다. 그의 동생인 강길태(1921~2013)는 폐교 위기에 놓인 순천 간호전문대학을 인수해 청암대를 설립한 교육가이다. 강계중 동상 옆에는 조선 시대에 백성들에게 선정을 베푼 강필리(1713~1767)를 기리는 백우탑이 나란히 서 있다. 강필리

1980년대 죽도봉의 풍경 1980~90년대까지만 해도 죽도봉은 일종의 '시민 공원'으로 지역민들이 애용한 장소였다. 사진은 1982년 죽도봉에서 열린 "자연보호선포 제4주년 기념 글짓기 및 사생대회"의 광경이다. 학교별로 학생들이 줄지어 있는 모습이 특징적이다.

는 순천부사를 지낼 때 연이은 흉년으로 소들이 죽자, 사재를 털어 32마리의 소를 사들여 백성들에게 나눠준 인물이다. 그의 선정은 순천의 역사와 풍속을 기록한 『강남악부』(1784)에 자세히 소개되어 있다. 또한 강필리는 고구마 재배법을 다룬 농업서 『감저보(甘藷譜)』를 지은 인물로 알려져 있다.

순천의 교육 발전에 크게 이바지한 김종익(1886~1937)의 동상도 빼놓을 수 없다. 대지주의 아들인 그는 막대한 재산을 모아 공익사업에 힘쓴 인물이다. 1937년 5월 김종익은 평생 모은 재산을 사회사업에 써달라는 유언을 남기고 세상을 떠났

다. 이때 그가 남긴 돈은 경성 여자의학전문학교와 순천 고등
보통학교(현 순천고), 그리고 순천 여자고등보통학교(현 순천여
고) 등을 설립하는 데 중요한 재정적 기반이 되었다. 1935년
에 설립된 순천농업학교(현 순천대)는 김종익의 기부금으로 학
력을 인정받을 수 있는 5년제 갑종 학교로 승격되었다. 덕분
은 순천은 교육도시로 발전할 수 있는 밑바탕을 세울 수 있었
다. 현재 순천고와 순천여고, 그리고 순천대 안에 김종익을
기리는 기념물들이 건립된 까닭이다. 그리고 1995년 죽도봉
에도 김종익의 육영 정신을 기리고자 그의 동상이 세워졌다.

죽도봉에 건립된 김종익 동상 우석 김종익은 1937년 5월 6일 눈을 감기 전 재산의 절반에
해당하는 175만 원을 사회에 희사한다는 유언장을 작성하여 세상을 깜짝 놀라게 했다. 당시
175만 원은 500억에 버금가는 천문학적인 금액이었다. 이 돈은 경성여자의학전문학교와 부
속병원 건립, 순천의 중등학교 설립기금 등으로 사용되었다.

이렇게 죽도봉에 세워진 기념물들은 순천의 역사를 압축적으로 보여줄 뿐만 아니라 한국의 노블레스 오블리주를 표상한다는 특징이 있다. 김계선과 강계중은 어려운 시절 일본에서 차별을 감수하며 번 돈을 고향의 발전을 위해 선뜻 기부한 사업가였다. 강필리는 곤란에 처한 백성들의 어려움을 회피하지 않고 자신이 할 수 있는 선에서 최선을 다한 목민관이었다. 김종익은 눈을 감는 순간까지 지역사회의 인재 양성에 마음을 쏟았다. 각각의 기념물들이 기리는 인물이 활동한 시대는 다르지만 노블레스 오블리주의 정신을 실천했다는 공통점을 지녔다.

죽도봉의 비극, 사라진 풍경

지금은 각종 건물로 가려져 있지만, 죽도봉 정상은 원도심 어디에서나 볼 수 있는 장소다. 1981년에 강남정이 세워지기 전, 죽도봉 정상에는 반공 순국 위령탑이 조성되어 있었다. 1961년에 세워진 반공 순국 위령탑은 여순사건과 한국전쟁 때 죽은 군인과 경찰을 추모하기 위한 기념물이다. 원도심에 죽도봉의 가시성이 극명했을 때는 반공 순국 위령탑의 존재감이 더욱 크지 않았을까 싶다. 그런 점에서 보면, 1960~70년대 순천 원도심의 도시공간은 '반공'의 상징물을 우러러보는 형태로 이루어졌다고도 볼 수 있다. 개인적으로 원도심에서 죽도봉을 볼 때마다 드는 생각이다.

이번에는 죽도봉에서 봉화산으로 가는 길에서 김종익 동상 방향으로 조금만 걸어가 보자. 그러면 1978년 5월에 건립된 현충탑이 모습을 드러낸다. 현충탑은 그동안 따로 보관해 오던 반공 순국 위령탑의 144위, 경찰관충혼비의 321위, 향림사 충혼비의 128위를 한곳에 모은 기념물이다. 1995년에 순천시와 승주군이 합쳐져 통합 순천시가 출범하면서부터는 승주군의 위패들도 함께 보관했다. 현재는 순천만 국가정원 내에 조성된 현충 정원이 그 역할을 대신하고 있어서 인적이 드문 장소가 되어 버렸다. 바라기는 현충탑 일대가 평화와 화해를 이루기 위해 과거사를 어떻게 기억해야 할지를 탐구하는 장소로 거듭났으면 한다.

흥미롭게도 죽도봉은 순천의 교육사와도 관련이 깊다. 그 이유는 대종교를 설립한 홍암 나철(1863~1916)의 후손이 죽도봉 중턱에 학교를 세운 적이 있었기 때문이다. 참고로 나철은 단군을 신앙 대상으로 삼으며 항일투쟁에 앞장선 독립운동가이다. 그의 손자인 나종권은 할아버지의 뜻을 기리고자 홍암중학교를 세웠다. 정식 명칭은 순천중앙고등공민학교였으나 나철의 호를 딴 홍암중학교로 유명했다. 지금도 이 학교를 기억하는 사람들에게는 홍암중학교로 알려져 있을 정도다. 1958년 4월에 개교한 홍암중학교는 여러 가지 사정으로 배움의 기회를 놓친 이들에게 중학교 교육을 제공하는 교육기관이었다. 어려움 속에서도 꿈을 잃지 않은 이들에게 희망의 등불이 되어 준 학교였다. 하지만 홍암중학교는 1981년 1월에 제21회 졸업식을 치르고 나서 없어지고 말았다.

04

동천
순천을 가로지르는 역사의 물줄기

순천에는 도심을 가로지르는 하천인 동천(東川)이 있다. 서면에서 발원하여 순천만으로 흘러가는 동천은 예로부터 순천 사람들의 삶과 밀접한 관계를 맺어 왔다. 동천은 일상생활에 필요한 물과 영양 만점인 물고기를 제공할 뿐만 아니라 바다로 이어지는 교통로의 역할을 했기 때문이다. 오늘날에도 동천은 순천 시민들에게 산책로이자 시민공원으로 큰 사랑을 받고 있다. 동천 변을 걷다 보면 구간마다 벽화거리, 정원, 텃밭, 보트장 등 다채로운 모습으로 쉼과 여유를 제공하고 있음을 볼 수 있다.

무엇보다 동천의 매력은 봄에 느낄 수 있다. 푸근한 봄 날씨에 매력적이지 않은 곳이 어디 있겠냐만 동천의 벚꽃은 매곡동의 홍매화와 더불어 남도의 봄을 알려준다. 이때 동천 변의 벚꽃이 봄을 수놓으면 노란 유채꽃이 순천의 봄을 더 화려하게 꾸며준다. 동천에 핀 벚꽃 나무와 유채꽃의 아름다움은 순천을 반하게 만들기에 충분한 힘이 있다. 동천은 어느 계절이나 걷기에 좋지만, 봄에 순천을 찾는 분이라면 꼭 동천의 벚꽃과 유채꽃을 만나보라고 이야기하고 싶다.

동천 벚꽃길 매년 봄이면 길게 뻗은 동천 제방으로 만개한 벚꽃을 보기 위해 수많은 사람들이 모여든다. 동천을 따라 다양한 방식의 벚꽃놀이가 길게 펼쳐지는 광경은 순천의 진풍경 중하나다.

동천의 옛 풍경들

현재 동천의 물길은 직강화 공사로 많이 달라졌다. 직강화 공사란 굽이굽이 흐르는 강의 흐름을 곧게 펴내는 작업을 말한다. 옛날 동천의 물길이 꾸불꾸불했을 때는 넓은 모래밭이 존재했었다. 실제로 일제강점기에 작성된 지도를 보면 동천의 절반은 모래밭이었음을 알 수 있다. 그래서 순천 사람들은 동천의 모래밭에서 씨름대회나 운동회 등 다양한 행사를 열었다. 옛날 동천의 모래밭은 온 동네 사람들이 즐기는 축제의 장이었던 것이다. 그 밖에도 동천에는 쥐불놀이나 서커스단의 공연이 이루어졌었고, 백일장이라든가 미술대회와 같은 학교 행사가 거행되곤 했었다.

무더운 여름날이 다가오면 동천은 아이들의 놀이터로 각광을 받았다. 옛날 동네 아이들은 동천에 모여서 수영, 고기잡이, 가재잡이, 돌 던지기, 곤충채집 등을 즐기며 놀았다. 특히, 동천은 무더위를 피할 수 있는 해수욕장으로 인기를 끌었다. 바닷가에 멀리 나갈 필요가 없었다. 자료조사차 찾은 사진 중에는 1970년대의 국민학교 학생들이 단체로 동천에서 수영하는 모습을 담고 있었다. 한마디로 동천은 옛날 순천 사람들에게 여름 휴양지였던 셈이다. 지금은 볼 수 없는 동천의 사라진 풍경이다.

역사의 뒤안길과 함께 사라진 풍경은 이뿐만이 아니다. 동천의 옛 지명인 광진(廣津)은 동천에 배가 드나들던 나루터가 있었다는 사실을 가리킨다. 동천에서 배를 타고 물고기를 잡는 어부의 모습을 묘사한 한시(漢詩)가 남아있는 이유다. 여기에 조선 시대 양반들의 여가문화인 뱃놀이가 동천 변에 위치한 환선정(喚仙亭)을 중심으로 이루어졌다. 환선정은 16세기 중반에 건립된 누정이다. 고지도에서 묘사한 환선정 일대의 동천은 하천의 폭이 넓어 호수를 방불케 했을 정도다. 순천의 양반들은 환선정 일대의 동천에서 배를 타고 풍류를 즐기며 순천의 아름다운 풍경을 시로 노래했다.

환선정에서 이루어진 활동은 양반들의 뱃놀이 외에도 심신 단련이 있었다. 1592년 3월 16일 자 난중일기를 보면 이순신 장군이 순천에 들러 환선정에서 활을 쏜 사실을 알 수 있다. 이후 환선정은 일제강점기에 이르러서 지역민의 집회 공간이자 교육 공간으로 활용되었다. 안타깝게도 환선정은 1962년 8·28 수해로 유실되고 말았다. 다행히 1988년 3월 환선정은 복원 공사 끝에 죽도봉 중턱에 새롭게 자리 잡고 전통 활쏘기 장소로 사용되었다. 현재 궁도장은 2018년에 팔마국민체육센터 안으로 이전한 상태다. 도시재생사업의 일환으로 환선정 일대는 창작센터가 들어서는 중이다.

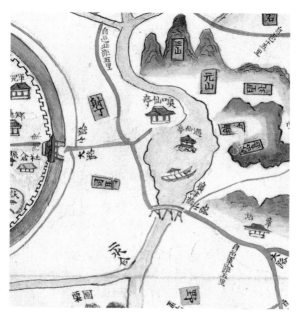

1872년 군현 지도에 나타난 동천의 풍경 19세기 동천 일대의 주요 장소들을 보여주고 있다. 환선정(喚仙亭)은 조선시대에 순천을 대표했던 누정 중 하나였다. 동천 가운데에 우선정(遇仙亭)이 있고 배를 띄웠다. 죽도봉을 묘산도(卯山島)라고 표시하고 있으며, 동천을 건너는 다리를 광진교(廣津橋)로 표시하고 있다. 동천과 옥천이 만나는 곳을 이수합(二水合)이라고 하고 있다.

질곡의 역사 현장

동천은 여순사건과도 관련이 깊다. 1948년 10월 20일에 여수에서 순천으로 진입한 14연대와 이들을 막기 위한 경찰 간의 전투가 처음으로 벌어진 곳이 동천이었기 때문이다. 정확히 말하자면 순천교(일명 장대다리)와 동천 제방에서 치열한 접전이 벌어졌다. 14연대가 순천으로 온다는 소식에 순천 경찰과 인근 지역에서 지원을 나온 경찰, 그리고 우익 청년들은 순천교 일대에 방어선을 구축했다. 증언에 따르면 경찰과 우익 청년들은 밤중에 주민들을 동원하여 가마니로 진지를 만들었다고 한다. 역사의 질곡 속에서 피해를 보는 건 언제나 애꿎은 사람들이었다.

전투는 14연대의 병력과 화력에 밀린 경찰의 패배로 끝나버렸다. 이를 계기로 14연대는 순천을 점령하기에 이르렀다. 원래 14연대의 목표는 순천 점령이 아니었다. 그보다는 지리산으로 도주하는 게 최우선이었다. 하지만 사소한 문제가 있었다. 당시 철도 여건상 지리산이 있는 구례로 가려면 순천역에서 내려 동순천역에서 기차를 갈아타야만 했다. 즉, 동천 전투는 14연대가 동순천역으로 가는 과정에서 경찰과 조우하며 벌어진 것이었다. 만약 동천 전투가 일어나지 않아서 14연대가 바로 지리산으로 향했더라면 한국 현대사는 상당히 달려졌을지도 모른다.

동천에서 일어난 비극은 미국의 사진작가 칼 마이던스(1907~2004)가 『라이프(LIFE)』지의 기자로 카메라를 통해 기록했다. 진압군을 따라 순천에 온 그는 동천 일대에 벌어진 잔혹한 풍경들을 사진으로 담아냈다. 그가 앵글로 포착한 장면들은 손을 결박당한 시신들과 가마니로 수습된 시신들이 동천 일대에 버려져 있는 모습이었다. 아름답게만 보이는 동천의 이면이다. 칼 마이던스의 사진 자료는 신문 기사가 제공하기 어려웠던 그날의 풍경과 공기를 전해준다는 점에서 여순사건의 실상을 좀 더 구체적으로 알려주고 있다.

그가 카메라에 담은 광경 중에는 운동장에서 벌어진 협력자 색출 과정이 있다. 당시 국내 신문은 협력자 색출 과정을 자세히 보도하지 않았기에 그의 사진은 더욱 역사적 의미가 있다. 운동장에서 좌우로 나누어진 채 앉아있는 수많은 인파와 그런 그들을 멀리서 염려스럽게 바라보는 주민들, 그리고 운동장 구석에 널브러져 있는 시신들. 폭력과 광기가 요동치고 있는 공포의 순간들이다. 그가 여순사건의 현장을 취재한 글과 사진은 1948년 11월 15일 자 라이프지에 '한국의 봉기(Revolt in Korea)'라는 제목의 기사로 실렸다. 누군가에는 불편할 수 있겠지만 이러한 비극이 되풀이되지 않으려면 불편한 역사를 기억할 필요가 있다.

은어가 돌아오는 동천을 만들기까지

동천은 생태교육의 보고다. 큰 날개를 펄럭이며 물가에 내려앉은 왜가리, 물 위에 총총 뛰어다니는 소금쟁이, 토종 민물고기인 각시붕어, 무한에 가까운 재생 능력을 가진 플라나리아, 해가 나면 피었다가 해가 지면 숨어버리는 봄까치꽃 등 다양한 동식물들을 만날 수 있는 곳이 동천이다. 최근에는 멸종위기동물인 수달 가족이 심심치 않게 눈에 띄기 시작했다. 하지만 동천은 1970~80년대까지만 해도 온갖 폐수로 인해 악취가 가득했던 똥물이었던 시절이 있었다. 그 피해는 동천 하류인 순천만 일대에서 생계를 이어나가던 어민들이 고스란히 받았다.

그래도 1970년대 동천은 인근 주민들이 식수로 사용할 만큼 나름 괜찮았다. 문제는 1980년대에 공장이 하나둘 생기면서 동천이 물고기조차 제대로 살지 못할 정도로 오염되었다는 사실이다. 주변에 들어선 도축장은 동천의 오염을 악화시켰다. 이곳에서 발생하는 폐수와 찌꺼기가 제대로 정화되지 않은 채 동천으로 흘러 들어가는 일이 비일비재했다. 날씨가 조금만 건조해지면 시커멓게 썩은 폐수 웅덩이가 생겨나 악취를 풍기는 일이 허다했다. 이러한 사실을 모른 채 동천에서 멱을 감다가 피부병에 걸리는 아이들이 생겨났다. 도시가 급속하게 팽창하고 산업화가 진행됨에 따라 동천의 환경은 악화해갔다. 어른들의 욕심에 아이들만 피해를 본 것이다.

다행히 1980년대 후반부터는 환경 문제에 대한 관심이 모아져서 동천을 되살리기 위한 운동이 일어났다. 오늘날 순천이 생태도시로 주목을 받은 데에는 깨끗한 동천을 만들기 위한 지역사회의 노력이 있었다. 이때 동천의 수질을 가늠하는 지표로 은어의 회유가 주목받았다. 은어는 산란기에 하천을 거슬러 올라와 맑은 상류나 중류에 알을 낳는 물고기이기 때문이다. 1990년대가 되면서 순천시와 지역 주민들은 동천을 살리기 위해 힘을 모으기 시작했다. 이 과정에서 적지 않은 충돌과 갈등이 이루어지기도 했다. 동천 살리기 운동은 거버넌스의 대표적인 사례로 기록될 만하다.

몇 년 전부터는 동천에 흥미로운 일이 생겼다. 순천 지역의 초등학교 교사, 생태환경 해설사와 활동가, 전문가 등이 힘을 모아 동천마을 교육과정을 만든 것이다. 지역의 아이들이 동천에 서식하는 다양한 동식물을 알아가는 과정에서 생명 존중과 생태 감수성을 배우길 바라는 마음에서 이루어진 일이다. 이름 모를 풀과 나무의 이름을 물어보고, 물가 바위 위에 조그맣게 올라와 있는 수달 똥을 보물인 양 찾아낸 듯 좋아하는 아이들의 모습이 선하다. 배움의 장소가 학교와 교실에서 마을과 자연으로 넓어지고 있음을 보여주는 사례라 할 수 있겠다. 동천에 나오는 것만으로도 순천을 알기에 충분하다고 말할 수 있는 이유이기도 하다.

동천마을교육의 풍경 도심을 흐르는 동천을 무대로 배움과 삶의 일치를 지향하는 동천마을교육은 마을과 학교를 넘나든다. 학생들은 동천마을교육을 통해 다양한 동물들을 관찰하고, 동물들의 흔적을 채집해보는 경험을 갖는다. 순천삼산초등학교 아이들이 그린 동천생태지도는 물고기 체육관, 메뚜기 놀이터, 소금쟁이 연못 등 아이들의 눈으로 본 동천의 생태계를 표현하고 있다.

05

8·28 수해 위령탑
넋을 위로하고 아픔을 기억하기

아닌 밤중에 홍두깨라는 말이 있다. 이 말은 뜻하지 않았던 일이 갑작스럽게 일어나는 걸 가리키는 관용적인 표현이다. 1962년 8월 28일 새벽 1시경, 순천 시내는 '아닌 밤중에 홍두깨'를 맞았다. 전날에 쏟아진 폭우로 둑과 제방이 터지는 바람에 시내의 3분의 2가 물에 잠기고 말았기 때문이다. 삽시간에 일어난 홍수로 순천은 아비규환이 되었다. 공교롭게도 모두가 잠든 새벽에 갑자기 홍수가 밀어닥치는 바람에 많은 사람들이 미처 빠져나가지 못한 채 떼죽음을 당했다. 이 수해로 무려 224명이 세상을 떠났다. 이 사건은 '8·28 수해'라고 해서 여순사건과 더불어 순천의 비극적인 사건으로 손꼽히고 있다.

8·28 수해는 순식간에 무너진 둑과 제방으로 일어난 돌발 홍수에 기인한다. 당시 동천의 물길은 굽어진 모양이라서 센 물결에 취약한 상태였다. 거기에 구멍 뚫린 둑의 보수 공사가 허술하게 이루어졌다. 둑과 제방에 대한 관리가 부실하다 보니 순천은 매년 홍수 피해로 골머리를 앓아야 했다. 8·28 수해가 발생하기 1년 전인 1961년에는 폭우가 내려 동천 일대의 주민들이 대피하는 소동이 벌어졌었다. 당시 순천 사람들은 장마철에 동천이 안전하지 않다는 걸 경험으로 알고 있었다고 할 수 있다. 다시 말해 8·28 수해는 사전 예방과 관리가 제대로 이루어지지 않아 일어난 인재(人災)에 가까웠다. 한 마디로 8·28 수해는 예고된 비극이었다.

위령탑, 넋을 기리다

8·28 수해를 둘러싼 사연은 기구하고 슬프다. 새벽에 갑자기 몰아닥친 홍수로 일가족을 모두 잃는가 하면, 집에 남겨진 아이들이 수마에 삼켜져 버렸다. 하루아침에 가족을 잃어버린 이들의 슬픔을 감히 상상이나 할 수 있을까. 물이 빠지고 난 뒤 가족의 시신이라도 찾을 수 있길 바라며 온 시내를 누볐을 이의 심정은 어땠을까. 신문 보도에 따르면 동천 하류 일대까지 흘러간 시신이 있었다고 했다. 먼동이 트고 주변 상황이 시

야에 들어오자, 수해로 죽은 사람들의 시신이 동천 둑에 즐비한 장면이 나타났다.

거기다 운이 좋아 목숨을 부지했어도 당장 잘 곳이 마땅치 않았다. 곧바로 민·관·군이 협력하여 복구 작업에 나섰다. 전국 곳곳에서는 긴급 구호물자를 보내왔다. 불행 중 다행히 수재민들은 학교 운동장과 철도관사마을 운동장에서 천막촌을 짓고 임시거처를 마련할 수 있었지만, 넉넉하지 못한 물자에 모두가 큰 불편을 감수해야 했다. 이러한 상황에서 9월 초에는 두 차례의 비가 더 내렸다.

물난리가 일어난 지 얼마 지나지 않은 1962년 9월 15일, 남국민학교 교정에서 2천여 명의 학생들이 참여한 가운데 합동위령제가 열렸다. 8·28 수해 때 목숨을 잃은 34명의 학생을 기리기 위한 행사였다. 1년이 지난 1963년 8월 30일에는 늦여름의 뙤약볕이 내리쬐는 동천 변에 사람들이 하나둘 모여들었다. 이날은 홍수에 휩쓸려 목숨을 잃은 224명의 넋을 기리기 위한 합동위령제가 열렸다. 순천시는 8·28 수해 때 희생당한 이들을 위로하기 위해 조곡교 옆에 위령탑을 세우고 비문을 '8·28에 가신님들의 위령탑'이라고 명명했다. 위령탑의 처음 위치는 동외동의 동천 둑이었다. 이곳은 8·28 수해가 일어날 때 가장 피해가 심한 곳이었기 때문이다. 현재 위령탑의 위치는 맞은편으로 옮겨진 상태이다.

그런데 어찌 된 일인지 1964년부터는 위령제가 열리지 않았다. 그날의 아픔을 기억하고 수해로 목숨을 잃은 이들의 넋을 위로하는 행사가 지역사회에 뿌리내리지 못한 건 무척 애석한 일이다. 그러다 보니 세월이 흘러가자 8·28 수해는 지역사회에서 잊혀버렸다. 현재 8·28 수해로 가족을 잃은 유가족들은 수소문조차 할 수 없다. 다행히 2009년부터는 '8·28 가신이 위령제'라는 이름의 행사가 거행되고 있다.

8·28 수해 위령탑과 가신이 위령제 1963년 8월 30일 조곡교 동천 둑에서 거행된 '8·28에 가신이의 위령탑' 제막식 및 합동위령제의 모습이다. 위령탑 앞에서 모시옷을 입고 있는 인물은 주봉래 순천시장으로 추측된다. 당시 합동위령제에서는 성동국민학교 학생 김희주가 조시(弔詩)를 낭독하였다. 이후 위령탑은 천변 고가도로 공사로 현재 장소로 옮겨졌다.

이복림, 순천에서 잊혀진 시인

"여기 한 아름 서러움을 안고 잠드신 영령들의 긴 한이 있다. 비바람이 사납게 불던 그날, 흙탕물 속에서 꽃들은 지고 열매는 떨어졌다. 못 다 살고 가신 임들이여. 먹구름 걷혔으니 그 얼 고이 쉬이소서."

위령탑에 새겨진 문구는 서글프다. 이 문구를 쓴 사람은 이복림 여사(1912~1990)다. 그는 한국 문학사에서도, 지역사회에서도 거의 알려지지 않은 시인이다. 전남 해남에서 살던 그가 순천으로 이주해 온 건 해방을 맞이하기 1~2년 전쯤이었다. 해방 후 그는 순천에서 매산 여자중학교와 고등성경학교에서 학생들을 가르쳤다고 한다. 그가 맡은 과목은 국어였기에 수업 중에 종종 시를 낭송하곤 했다. 평양 여자신학교를 졸업한 그가 국어 과목을 담당할 수 있었던 건 당시 교사 자격이 지금처럼 엄격하지 않았던 탓도 있지만, 평소 문학에 대한 애정과 관심이 있었기에 가능했다고 볼 수 있다.

한편 그는 순천YWCA의 초대 회장을 역임하며 지역사회의 여성운동가로 활동했다. 해방 직후 이복림은 고아를 돌보는 일에 나선다. 그와 뜻을 함께한 동지들은 1946년 3월에 순천YWCA를 창립했다. 이때 이복림과 함께 순천YWCA를 만든 이들은 일제강점기에 순천 지역의 여성운동을 주도한 박옥신과 오마리아 등이었다. 초대 회장에 취임한 이복림은 순천 YWCA의 기틀을 다지고 고아원을 만드는 일에 앞장섰다. 이일은 지역사회의 여성운동사가 지금껏 제대로 조명조차 되지 않는 바람에 거의 알려지지 않은 내용이다.

아마도 해방 이후의 순천 문학사는 이복림의 시집에서부터 시작된다고 할 수 있다. 바로 1948년 9월에 출판된 그의 첫 시집 『효성(曉星)』이다. 시집에 수록된 작품은 32편이었고, 발행소는 순천 건국부인회였다. 책의 서지정보를 보건대 이복림은 순천YWCA의 초대 회장을 맡으며 순천 건국부인회의 일원으로 활동했던 것 같다. 그러면서 대한민국 정부가 수립한 지 얼마 지나지 않은 시기에 순천에서 시집을 출간했다. 이런 점에서 이복림은 해방 후 순천 지역의 시문학을 개척한 선구자였다.

작가로서 입지를 다진 그는 문필가로 활발한 활동을 펼친다. 이를테면 그는 1965년에 애양원교회를 세운 손양원 목사 순교 기념비에 비문을 남겼다. 1982년에는 순천노회가 건립한 순교비에 시를 썼다. 이는 그가 독실한 기독교 신자이자 시인이었기에 가능했다. 그 일환으로 그는 1963년 8월에 세워진 8·28 위령탑에 수해로 세상을 떠난 이들의 넋을 기리는 글을 새길 수 있었다.

A지구와 C지구, 8·28 수해가 만든 독특한 지명

도심의 절반 이상을 파괴한 수해가 지나간 후 정부는 재난 복구 사업에 착수했다. 보통 우리나라의 재난 복구는 원상 복구에 치중하는 편인데, 8·28 수해 때 정부는 개량 복구에 방점을 두었다. 이때 정부는 재난 복구 사업을 세 단계로 계획했다. 첫 번째 단계가 전염병 예방이라면, 두 번째 단계는 이재민 수용이었다. 첫 번째 단계와 두 번째 단계는 이재민들이 최소한의 생활을 영위할 수 있게 한 응급 복구의 성격을 띠었다. 가장 중요한 단계는 재건에 초점을 맞춘 세 번째였다. 즉, 정부는 이재민을 위한 주택단지를 조성하기로 결정했다. 처음 계획은 신시가지를 A지구, B지구, C지구로 나누어 추진하는 것이었다. 하지만 B지구는 비용 문제로 만들어지지 못했다. 결과적으로 매곡동에 A지구 137동을, 인제동에 C지구 150동을 조성하였다. 이를 계기로 순천의 시가지는 남과 북으로 확산할 수 있었다. 대단위 주택단지의 등장으로 순천의 시가지 풍경은 완전히 바뀌어버렸다고 할 수 있다.

주택단지 건설은 군의 통제하에 이루어졌다. 1962년 8월

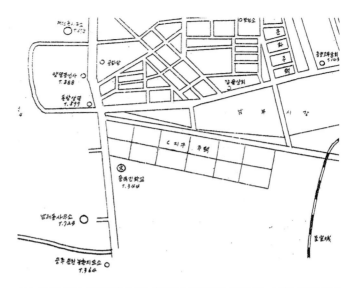

1965년 호남약도에 표시된 C지구 1965년에 발행된 「호남약도」에는 순천의 시가지 풍경이 세세하게 기록되어 있다. 그중 하나는 'C지구 주택'이다. C지구를 반듯하게 그려진 구획선으로 표현했다.

은 5·16쿠데타가 발생한 지 1년이 지난 시점이었다. 당시 한국 사회는 군인들이 통치하던 군정 시대였다. 이들은 8·28 수해 복구 사업을 통해 자신들의 통치 능력을 입증하려고 했던 것 같다. 그래서인지 국가기록원에는 8·28 수해 복구 사업의 과정을 보여주는 사진과 영상물이 많이 남아있다. 재미있는 사실은 주택단지가 재래시장을 매개로 기존 시가지와 이어졌다는 점이다. 즉, A지구는 웃장, C지구는 아랫장을 통해 기존

복구주택 낙성식 1962년 12월 5일에 거행된 복구주택 낙성식의 광경이다. 낙성식 장소는 C지구 앞 광장이었다. 당시 정부는 A지구(매곡동)에 일반주택 137동을 지었고, C지구(인제동)에 일반주택 150동을 세웠다.

시가지와 유기적으로 연결되었다.

공사는 서둘러 진행되었다. 이재민들은 공사가 조금만 늦어져도 길바닥에서 한겨울을 보내야 하는 처지였다. 정부는 본격적인 겨울이 오기 전에 주택단지 건설을 완성하는 걸 목표로 삼았다. 문제는 부실 공사였다. 주택단지가 만들어졌지만, 가스가 새어 나오는 일이 비일비재했고 변소가 내려앉거나 무너지는 일이 발생했다. 여유가 되는 사람은 집을 개조할수 있었지만, 대부분은 가스 중독을 방지하기 위해 가족들끼리 불침번을 서는 진풍경이 벌어졌다. 이는 한국의 산업화가 '빨리빨리'와 '대충대충'으로 요약되는 부실 공사의 만연화를 예고하는 사건이라고 할 수 있다.

A지구와 C지구는 8·28 수해를 통해 만들어진 순천의 독특한 지명이다. 이후 순천에는 C지구에 산다거나 A지구가 어디에 있는지 물어보는 길거리 문화가 형성되었다. 실제로 1965년에 작성된 순천시가지 지도에는 A지구와 C지구가 표시되어 있다. 헌책방에서 구한 1991년 전남 전화번호부에도 '동외A지구'와 '인제C지구'가 들어가 있다. 반면에 순천의 지명이나 마을 유래를 조사한 책들은 A지구와 C지구를 다루지 않은 경향이 있다. 8·28 수해를 기억하는 분들이 지금보다 더 많이 남아있을 때 증언을 남기지 못해서 아쉬울 뿐이다. 현재 A지구와 C지구를 나타내는 표식은 거의 사라지고 없다. C지구는 'C지구 소주방'이라는 간판이 전부였으나 그마저 없어지고 말았다. A지구의 경우 버스 정류장의 이름으로만 남아 있다.

문화의 거리
순천의 역사 1번지

도시에는 다양한 형태와 기능을 가진 거리가 있다. 그중에서
는 지역의 문화예술인들이 모여 있는 거리가 있다. 이른바 문
화의 거리다. 아마도 한국의 대표적인 문화의 거리를 꼽아보
자면 서울 인사동이라고 할 수 있을 것이다. 이외에도 부산,
수원, 서귀포, 청주, 나주 등에 수많은 문화의 거리(혹은 예술
의 거리)가 형성되었다. 문화의 거리는 자연스럽게 만들어진
경우가 있지만 정부와 지자체에 의해 계획적으로 조성된 곳도
있다. 순천시는 2008년에 '문화의 거리 조성 및 지원 조례'를
제정하여 원도심 일대를 문화의 거리로 지정한 바가 있다.

조례상 문화의 거리는 영동과 행동, 그리고 금곡동 일부에

걸쳐 있다. 이곳은 모두 순천의 원도심에 해당하는 동네다. 순천시는 문화의 거리를 조성하기 위해 원도심의 길을 정비했다. 그리고는 문화의 거리에 입주하고 있는 문화예술인들을 위한 지원을 제공하기 시작했다. 덕분에 문화의 거리에는 지역에 흩어져 있던 문화예술인들이 몰려들었다. 다양한 공방, 갤러리, 골동품 가게, 작업실 등이 생겨나면서 회화, 조각, 서예, 사진, 공예 등의 분야에서 다채로운 행사와 전시회가 끊임없이 열렸다.

순천부 읍성의 흔적을 찾아서

도시의 장소가 생겨나고, 성장하고, 쇠퇴하고, 사라지고, 재생하는 과정은 자연스러운 일이다. 여기서 장소는 특정 건물이나 물리적인 경관을 포함해서 상징적인 의미까지도 포함한다. 그런 의미에서 문화의 거리는 조선 시대에 순천부 읍성(順天府邑城)이 조성된 역사적인 장소라는 걸 기억할 필요가 있다. 읍성은 주요 고을에 성을 쌓아 주민을 보호하고 군사 및 행정 기능을 담당하던 방어시설이다. 읍성은 방어와 통치라는 두 가지 목적을 위해 만들어진 전략적 요충지였다. 읍성의 축조는 세종 때 적의 침입을 막고자 시행된 대규모 공공건축 프로젝트의 일환으로 이해할 필요가 있다.

순천부 읍성의 공간구조는 크게 3개 구역으로 나누어져 있었다. 지금의 행정구역으로 보면 읍성의 북쪽에 위치한 중앙동 일대가 객사 영역이었고, 동쪽에 있는 남내동 일대는 관아의 부속시설 영역이었다. 그리고 읍성의 서쪽에 해당하는 영동과 행동, 그러니까 문화의 거리에는 관아 건물이 집중적으로 배치되었다. 이러한 배치구조는 1872년 순천부 지도에서 확연히 나타난다. 지방군을 지휘하던 영장의 집무실인 영장청(營將廳), 지방군이 주둔하던 전영(前營), 무기 창고인 군기고(軍器庫), 감옥시설인 옥사(獄舍) 등이 동문 일대에 분포한 반면에, 관아의 주요 건물인 본부(本府)와 아사(衙舍) 등은 서문 일대에 밀집되어 있었다.

다만 아쉽게도 순천부 읍성의 흔적은 거의 남아있지 않다. 가장 큰 이유는 1910~20년대에 일제가 도시를 정비한다는 명목으로 성벽을 모두 헐어버렸기 때문이다. 동시에 조선 시대의 관아 건물들은 일제의 통치기관으로 바뀌어버렸다. 이를테면 지방관이 행정업무를 보던 아사는 재판소로, 아전의 집무 공간인 질청은 군청사로, 관아에 필요한 음식물을 제공한 지공청은 헌병소로, 죄수를 가두던 옥사는 일본 사찰로 바뀌었다. 이렇게 조선 시대의 읍성 시설은 일제의 식민 지배와 함께 장소의 역사성이 변모해 나갔다. 그런 점에서 문화의 거

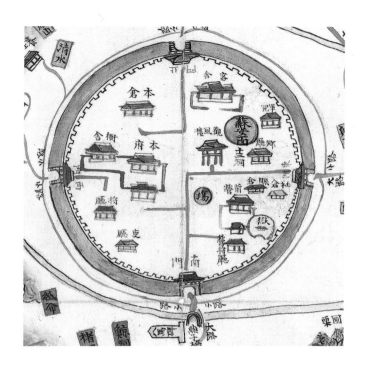

1872년 군현지도로 본 순천부읍성 전통적으로 읍성의 공간구조는 관아 건물의 성격에 따라 동쪽과 서쪽으로 나눠진다. 문관(文官)이 사용하는 건물은 주로 서쪽에, 무관(武官)을 위한 건물은 주로 동쪽에 배치되었던 것이다. 마찬가지로 19세기 순천부 읍성의 공간구조를 보여주는 이 지도에도 관아 건물의 성격에 따른 분리를 엿볼 수 있다. 대표적인 예로, 수령의 집무 공간인 본부(本府)는 서문에, 지방군 지휘자의 집무실인 영장청(營將廳)은 동문에 배치되어 있다. 남문 밖에는 순천의 상징적인 문화재인 팔마비(八馬碑)가 세워져 있다.

순천부읍성 남문터 광장 원도심 활성화를 목적으로 조성된 남문터 광장은 '광장'을 매개로 주변 지역을 연결하는 플랫폼 공간의 역할을 하고 있다. 이 사실은 남문터 광장이 옥천에서 바로 진입이 가능할 수 있게 움푹 파인(Sunken) 광장으로 만들어졌으면서도, 중앙시장과 지하상가로 이어진다는 점에서 알 수 있다. 공공기관에서 주최하는 일회성 행사로 순간적인 사용 빈도와 방문객을 늘리는 것도 중요하지만, 광장에 시민들이 자연스럽게 모여 무언가를 도모하는 문화가 정착되기를 바란다.

리는 일제의 강제 병합을 전후로 공간의 의미가 어떻게 뒤바뀌었는지를 잘 보여주는 장소라 할 수 있을 것이다. 그나마 지금까지 남아있는 흔적은 적의 출입을 막기 위해 성 주위를 둘러서 판 해자(垓字)가 전부다. 이 해자를 보고 싶다면 문화의 거리에 있는 서문성터길을 찾아가 보자. 읍성의 방어 수단 중 하나인 해자가 골목길로 남아있음을 알 수 있다.

사라진 읍성을 현대적으로 복원하면서 장소의 역사성을 어떻게 담아낼 것인가. 문화의 거리에 도시재생사업이 시행되면서 떠오른 최대 과제였다. 이미 사라진 읍성을 복원한다는 건 불가능하므로 순천부 읍성을 상징하는 공간을 재현하기로 했다. 사라진 읍성의 흔적을 기억하고 상징화하는 방안은 무엇인가. 그 고민의 결과가 서문안내소와 남문터 광장이다. 서문안내소는 성곽의 이미지로, 남문터 광장은 파빌리온의 형태로 순천부 읍성을 재현했다. 이를 곁에서 지켜보면서 지역의 역사성을 되살린다는 건 무엇인지, 그 방법을 어떻게 풀어나가야 할지, 왜 이게 필요한지에 대해서 고민을 해볼 수 있었다.

세월의 터

가을날 문화의 거리는 노란 단풍 길로 장관을 이루고 고즈넉

가을날 문화의 거리 풍경 이곳의 상징
은 은행나무라고 해도 과언이 아닐 정도
로 아름다운 은행나무 풍경을 자랑한다.
은행나무 잎이 융단처럼 깔려있는 길 위
를 걸으며 가을의 낭만을 즐겨보자.

한 풍경을 연출한다. 특히 삼성생명에서부터 공마당길까지 이어진 금곡길은 은행나무들로 우거져 있어서 가을의 정취를 물씬 느끼게 한다. 이 풍경은 조계산의 단풍과 순천만의 갈대와 더불어 순천의 가을을 잘 보여준다고 생각한다. 문제는 종종 이 길만을 둘러보고 떠나는 분들이 있다는 사실이다. 명칭이 문화의 '거리'라서 생긴 오해 아닌 오해라고 할 수 있겠다. 단언컨대 동네 곳곳에는 숨어 있는 멋진 공간들이 있으니 좀 더 여유를 두면서 천천히 둘러보라고 이야기하고 싶다.

은행나무가 일품인 금곡길을 쭉 올라가다 보면 매곡동(탑매마을)과 옥천동(옥천)을 이어주는 공마당길이 나온다. 공마당은 순천향교 뒤편에 있는 넓은 공터였다. 전해져오고 있는 이야기에 따르면 공마당은 곡식을 짓지 않고 묵혀 두어 거칠어진 밭이라는 의미가 담긴 '묵정밭'에 기인한다. 공마당은 빈 터의 의미가 담긴 '공(空)' 마당이었다. 그러다 1919년 3·1운동 이후에 체력을 길러야 민족의 실력을 키울 수 있다고 생각한 청년들이 공마당을 운동장으로 활용하면서 '공을 차는 마당'이라는 의미가 더해졌다. 현재 이곳이 공마당이었다는 사실은 영업을 하고 있지 않은 '공마당 슈퍼'의 간판을 통해서만 확인할 수 있다. 이 간판은 문화의 거리를 대표하는 도시 화석이라고 할 수 있을 듯하다.

아까 골목길 이야기를 한 김에 더해보자면, 문화의 거리는 오래된 도시답게 골목길이 미로처럼 구불구불 펼쳐져 있다. 읍성의 골목길은 시공간을 단축하기 위해 직선을 지향한 근대 도시의 공간구조와 아주 대조적이다. 그래서일까. 산업화 이후 골목길은 낙후의 정도를 보여주는 가늠자로 여겨져서 하나둘 사라지고 말았다. 원도심에 활기가 넘쳤던 시절에는 골목길이 머무름과 쉼, 그리고 놀이의 장소였는데 말이다. 아이들이 골목길을 놀이터 삼아 왁자지껄 모이고, 골목 한 모퉁이에 동네 어른들이 마주 앉아 이야기를 나누던 풍경은 없어진 지 오래다.

하고 싶은 말은 이거다. 문화의 거리가 가진 진가는 오랜 자취가 묻어나는 세월의 터에 있다. 수많은 이야기가 서려 있는 골목길, 그 골목길을 걷다 마주하게 되는 한옥과 적산가옥들, 동네 어르신들의 사랑방인 평상, 수백 년의 역사를 품은 푸조나무 등등. 문화의 거리가 갖고 있는 특유의 매력은 한 가지로 정의하기 힘들다. 내가 문화의 거리에 얽힌 다양한 이야기들을 찾아다니는 이유이다. 동네의 진가를 알아간다는 것. 그건 아마 동네에 뿌리를 내리고 살아가는 이들이 경험할 수 있는 특별한 경험이라 할 수 있다.

나의 동네 아지트

그런 의미에서 나에게 문화의 거리는 아주 각별한 장소다. 지난 10여 년 동안 순천에 살면서 제일 많은 인연을 맺어 온 곳이 문화의 거리이다. 이 동네는 나에게 아지트와 같은 공간이다. 아주 잠깐이었지만 아내와 내가 자주 드나들던 동네 아지트가 있었다. 그곳은 문화의 거리 입구에 있었던 와일드 허니파이(Wild Honey Pie)였다. 이곳은 비틀스의 노래 제목을 딴 작은 카페이자 밴드 연습실이었다. 웬만한 동네 뮤지션들은 와일드 허니파이에서 모여 연습을 했다. 문화의 거리가 가지고 있는 의미를 상징적으로 잘 보여주는 공간이었다고 생각한다. 이런 아지트가 월세 문제로 문화의 거리를 떠나야 했던 건 두고두고 아쉬운 일이다.

두 번째 아지트는 아내와 내가 3년 가까이 운영한 독립서점이었다. 계기는 제주도 여행이었다. 2015년 여름, 우리 부부는 제주도 여행 중에 들린 종달리의 소심한 책방에 반했다. 여기서 구입한 『계간 홀로』를 통해 독립출판물이라는 걸 처음 알았다. 그때만 해도 전라남도에는 독립서점이 한 군데도 없었다. 우리는 의기투합하여 독립서점을 열기로 했다. 서점을 차리기 위한 동분서주 끝에 골목 책방 '그냥과보통'의 문을 열수 있었다. 우리 부부는 '그냥과보통'을 운영하면서 취향을 공유하고 재미있는 일을 작당하는 공간을 만들어갔다. 덕분에 우리에게는 좋은 친구들을 많이 사귈 수 있는 기회가 주어졌다. '그냥과보통'은 우리 부부에게 새로운 장을 열어준 아지트이다.

현재 '그냥과보통'은 없어진 상황이다. 맞벌이와 서점 운영, 그리고 육아까지 겹치면서 어느 하나를 포기해야 하는 순간이 왔었다. 다른 걸 포기하기가 어려웠던 나는 아내에게 '그냥과보통'의 문을 닫자고 졸랐다. 서점 운영에 지친 것도 있었다. 다행히 독립서점에 관심이 많았던 분들께 넘겨드릴 수 있었다. '그냥과보통'의 바톤을 이어받은 골목 책방 '서성이다'

그냥과보통 2016년 1월부터 2018년 9월까지 운영한 골목책방 그냥과 보통의 내부 풍경이다. "우리가 좋아하는 동네에 우리가 좋아하는 공간을 만들자"는 생각으로 의욕적으로 추진한 일이었다. 덕분에 순천향교 앞 골목길에서 30대 중반의 시절을 찬란하게 보낼 수 있었다.

가 2018년 가을에 모습을 드러냈다. 우리 부부에게는 또 다른 동네 아지트가 생긴 것이다. 지금은 장소를 이전해서 청소년 수련원 맞은편에 자리를 잡고 있다. 무엇보다 '서성이다'는 책 큐레이션이 돋보이는 서점이다. 페미니즘, 채식, 로컬 등의 주제에 관한 흥미로운 책들을 진열했다. 모임 공간으로 활용하고 있는 지하실과 뒤뜰을 둘러보는 재미도 있다. 문화의 거리에 왔다면 '서성이다'를 꼭 방문해 보자.

〈미드나잇 인 파리〉라는 영화가 있다. 이 영화의 매력은 파리의 밤을 연상케 하는 OST 음악이다. 거기에 파리의 밤거리를 배회하던 주인공이 홀연히 나타난 정체불명의 차에 올라타 1920년대로 거슬러 가서 평소에 동경하던 예술가들을 만난다는 설정은 매우 인상적이다. 영화에 너무 몰입해서 그런지 가끔 필자는 해가 저문 밤에 문화의 거리를 걷다가 혹시나 영화 속 주인공이 누렸던 행운을 겪게 되지 않을까 상상하곤 한다. 영화와 같은 마법적인 순간들이 나타나지 않더라도 문화의 거리에 있는 골목길은 분명 묘한 분위기를 풍기며 도시의 산책자들을 기다리고 있다.

07

팔마비
순천의 자랑이자 자부심

헌책방에서 구한 전화번호부를 펼쳐본다. 순천의 상호를 천천히 살펴보면 '팔마'로 시작하는 가게들이 상당하다는 걸 알 수 있다. 팔마가스, 팔마골프장, 팔마다방, 팔마미용실, 팔마새마을금고, 팔마식물원, 팔마약국 등등. 거기다 팔마초등학교와 팔마중학교, 그리고 팔마고등학교 등 학교 명칭에도 팔마가 붙어 있다. 지금도 순천은 팔마가 붙은 상호명이나 단체명을 쉽게 볼 수 있는 곳이다. 어느 순간부터 팔마(八馬)는 순천을 상징하는 말이 되어 버렸다. 도대체 팔마는 순천 사람들에서 무엇이길래 이토록 빈번하게 등장하는 걸까.

팔마비의 유래

팔마의 유래는 순천 원도심의 도로변에 세워져 있는 팔마비에서 기인한다. 이 비석은 고려 후기인 충렬왕 시기에 승평 부사로 순천에 부임한 최석의 이야기를 담고 있다(당시 순천은 승평이라고 불렀다). 1281년(충렬왕 7), 그는 승평 부사의 일을 끝내고 비서랑(秘書郞)으로 발령을 받아 개경으로 돌아갈 채비에 나섰다. 그런데 고려 말 순천은 임기를 마치고 떠나는 지방관에게 고을 사람들이 말을 바치는 관습이 있었다. 태수에게는 말 8필을, 부사에게는 말 7필을, 법조에게는 말 6필을 전별금으로 줬던 것이다. 당연히 최석이 개경으로 돌아갈 때도 순천 사람들은 말을 바쳤다.

  이전의 지방관들과 달리 최석은 말을 받지 않았다. 그는 개경에 도착하자마자 전별금으로 받은 말들을 모두 돌려보냈다. 처음에 순천 사람들은 관례에 어긋나는 일이라며 한사코 돌려받기를 거부했다. 이에 최석은 자신이 겉으로만 사양한다고 여긴다며 승평 부사를 지내는 동안 소유하고 있던 암말이 낳은 망아지까지를 얹어서 돌려주었다. 이를 계기로 순천에는 지방관에게 말을 바치는 폐단이 없어졌고, 최석을 기리기 위한 팔마비가 세워졌다. 이 내용은 고려 시대의 역사를 담은 『고려사』 열전에 기록되어 있다. 순천에 사는 사람이라면

한 번쯤 들어봤을 법한 이야기다.

최석의 결단은 그동안 순천 사람들을 괴롭혔던 나쁜 관습을 없애버리는 데 큰 역할을 했다. 전별금으로 바친 여덟 마리의 말은 한 마리당 500만 원씩 책정해도 약 4,000만 원에 해당한다. 또한 지금과 달리 말은 전통 시대에 중요한 운송수단이자 교통수단이었다. 당시 백성들이 짊어져야 했던 폐해는 결코 적지 않았다. 죽도봉에 세워진 백우비가 목민관의 상징이라면, 팔마비는 청백리를 기리는 선정비라고 할 수 있는 이유다(백우비에 얽힌 이야기는 죽도봉을 참조하자). 팔마비는 한 사

팔마비 팔마비는 단순한 선정비가 아니라 후대의 목민관들이 공직생활의 기준으로 삼은 좌표였다. 특히 순천으로 부임한 목민관들에게 미친 영향은 적지 않았다. 문제는 팔마비가 도로변에 위치한 탓에 차량 진동과 대기오염 등으로 훼손 위험성이 크다는 점이다. 2021년에 보물로 지정된 바가 있다.

람의 선한 의지가 세상을 어떻게 바꿀 수 있는지를 잘 보여주는 역사의 증언이다.

당시 고려는 원의 내정간섭을 심하게 받고 있었다. 이러한 상황에서 1274년에 원 황제의 부마(사위)인 충렬왕이 즉위했다. 일반적으로 충렬왕은 사냥과 음주가무를 즐긴 무능한 국왕으로 알려졌지만, 한때나마 그는 여러 가지 개혁 정책을 펼친 바가 있다. 특히 그는 왕권 강화를 위해 원 나라의 정치제도를 도입했다. 엄밀한 분석이 필요하기에 말하기가 조심스럽지만, 최석이 순천의 폐습을 거부한 일은 충렬왕이 추진한 개혁 드라이브에 공조한 측면이 있는 것 같다. 물론, 이건 당시 정황을 고려한 추측일 뿐이다. 여기서 말하고 싶은 건 최석의 행적과 팔마비의 의미를 고려사라는 맥락 속에서 들여다볼 필요가 있다는 문제의식이다.

이수광의 팔마비 복원이 의미하는 것

지금 우리가 볼 수 있는 팔마비는 원본이 아니다. 『순천 승주 향토지』(1975)라는 책은 팔마비가 1308년경에 세워졌다고 하는데, 무엇에 근거한 주장인지 알 수가 없다. 어쨌든 처음에 만들어진 팔마비는 정유재란(1597) 때 불타 없어져 버렸다. 그 대신 순천 부사로 부임한 이수광이 1617년에 팔마비를 복원

했다. 이수광은 조선 중기의 성리학자이자 실학자이다. 그가 순천에 오기 전 작성한 『지봉유설』(1614)은 우리나라 최초의 백과사전으로 꼽히는 책이다. 이 책에는 서양의 사정과 천주교에 관한 소식이 담겨 있다. 세 차례에 걸쳐 사신으로 중국을 다녀오면서 견문을 넓힌 덕분이었다. 그는 순천부사를 지내면서 조선 시대의 인문지리서와 현지에서 전해 들은 이야기를 종합하여 『승평지』(1618)라는 읍지를 편찬하기도 했다.

이수광은 순천에 부임하기 전부터 『동국여지승람』을 통해 팔마비의 유래에 얽힌 이야기를 알고 있었다. 그런데 막상 순천에 오니까 팔마비는 20여 년 전에 없어진 상태였다. 이를 안타까워한 그는 부임하자마자 제일 먼저 팔마비 복구에 착수했다. 그 결과 이수광은 비석의 앞면에 돋을새김의 방식으로 팔마비(八馬碑)를 조각하고 뒷면에 팔마비 복원의 배경과 과정을 등을 밝힌 글을 새기는 형태로 복원을 끝냈다. 현재 팔마비 뒷면에 새겨진 '중건팔마비음기'는 마모가 심해 판독이 어려운 상황이다. 오랫동안 비바람을 맞으며 씻긴 탓이다.

그가 복원한 팔마비는 몇 가지 점에서 눈에 띈다. 가장 먼저 이수광은 비석의 명칭을 '최석 팔마비'에서 '팔마비'로 바꾸었다. 이는 단순히 비석의 이름을 간소화한 게 아니었다. 그 안에는 이수광의 사상이 담겨 있다. 그 이유는 뒷면에 새겨진 내용을 통해 알 수가 있다. 여기서 그는 팔마비가 벼슬아치들의 본보기가 될 뿐만 아니라 모든 이에게 귀감이 되기를 바랐다. 그는 한 청백리의 이야기를 통해 목민의 사상을 이야기하고자 했던 것 같다.

이는 이수광이 당시 세태를 비판하는 대목에서도 알 수 있다. 팔마비에 새겨진 글에 따르면, 이수광은 "무거운 돌에 이름을 새겨 넣으려 하지 마라"며 "좋은 일은 서로 전해준 입이 곧 비석"이라고 꼬집었다. 이수광의 외침은 자신의 업적을 부풀리거나 기념하기 위해 너도나도 선정비를 세우고 있는 풍조를 비판한 것이다. 이어서 그는 진짜 좋은 정치를 펼친다면 굳이 기념비를 세우지 않아도 백성들의 입을 통해 오래 기억될 것이라고 썼다. 그의 메시지는 400여 년 전의 글이지만 여전히 우리에게 울림을 주고 있다.

팔마비의 문화사

영동 1번지는 팔마비의 주소다. 이 영동 1번지는 옛 승주군청을 리모델링하여 복합문화공간으로 새롭게 조성된 생활문화센터가 있는 곳이기도 하다. 그런데 이수광이 『승평지』를 쓸 때 기록해 둔 팔마비의 위치는 지금과 다른 곳에 있었다. 『승평지』에 따르면, 팔마비는 '고을 밖 연자교 남쪽 길가'에 있었다. 여기서 말하는 연자교는 순천부 읍성의 남문다리를 말한다. 즉, 옛날에는 팔마비가 순천부 읍성의 남문 밖에 있었다. 그러다 연자루가 시가지 정비의 일환으로 철거되면서 팔마비가 옛 승주군청 경내로 옮겨졌다. 연자루는 1925년에 헐어져 버렸으니 대략 이때쯤 팔마비의 이전이 이루어졌다고 봐야 할 듯하다.

팔마비의 모습과 위치는 1872년 순천부 지도를 통해서 알 수가 있다. 이 지도는 19세기 순천의 모습을 상세하게 묘사하고 있어서 역사적 가치가 높다. 무엇보다도 문헌자료가 알려 주고 있지 않은 내용들을 1872년 순천부 지도를 통해 확인할 수 있다. 이 지도를 살펴보면 한 가운데에 그려져 있는 원형이 바로 순천부 읍성임을 알 수 있다. 시선을 조금만 내리면 읍성 남문 밖 하천(옥천)을 건너 연자교 끝자락에 팔마비가 아주 선명하게 그려져 있다는 걸 알 수 있다. 이 지도에 그려져 있는 팔마비의 위치는 이수광이 기록한 '고을 밖 연자교 남쪽 길가'와 일치한다. 1281년경에 세워진 최석 팔마비의 위치는 알 수 없지만, 1617년에 이수광이 복원한 팔마비의 위치는 고지도를 통해서 확인이 가능하다.

이번에는 인류학자 도리이 류조(鳥居龍藏, 1870~1953)가 조선총독부의 의뢰로 찍은 사진을 살펴보자. 그는 전국을 돌

팔마비 유리건판 사진(1914) 사진에서 팔마비 뒤로 강물이 흐르고 멀리 석축(石築)이 보인다. 팔마비 뒤의 강물은 옥천(玉川)일 가능성이 높다. 도리이 류조가 촬영한 1914년까지만 해도 팔마비는 남문 밖에 있었음을 알 수 있다.

아다니면서 수많은 유리 건판 사진을 남겼다. 현재 그가 찍은 사진들은 국립중앙박물관에 소장되어 있다. 이 중에서는 가장 오래된 팔마비 사진이 있다. 한 어린아이가 팔마비에 팔을 짚고 서있는 모습이다. 아마도 도리이 류조는 팔마비의 길이를 가늠하기 위해서 어린아이를 세운 것 같다. 그런데 이 사진 위에는 의미를 알 수 없는 낙서가 있다. 사진을 대칭 이동시키자 그 낙서는 '대정(大正) 3.7.4 순천 남문외 팔마비'라는 글자였음을 알 수 있다. 이는 일본의 연호인 대정 3년, 즉 1914년

7월 4일에 남문 밖에 있는 팔마비를 찍었다는 것을 의미한다. 이 사실은 전남에서 문화재전문가로 활동하고 있는 김희태 선생님을 통해 알 수가 있었다.

사실 이 사진은 순천 지역에서 꽤 알려져 있다. 그런데 사진 위의 낙서가 무엇인지를 주목한 경우는 없었다. 이는 곧 사진에 관한 설명이 잘못 퍼져 나가는 오류로 이어졌다. 막연하게 1910년대 아니면 1920년대로 설명하는 경우가 많았다. 또한 도리이 류조는 팔마비의 뒷면도 앵글에 담았다. 확대해서 보면 이미 이때부터 뒷면의 글씨가 심하게 마모되어 있었음을 알 수 있다. 재미있는 장면은 팔마비 너머로 보이는 풍경이다. 한쪽에는 초가집이 있고 다른 한쪽에는 일종의 노점이 있다. 일본식 나막신인 게다를 신고 있는 듯한 사람이 웅크리고 앉아 노점을 구경하고 있는 뒷모습이다. 벽에는 일정한 크기의 상품들이 가지런하게 걸려 있다. 이 노점이 무엇을 파는 가게인지는 알 수 없으나 당시 팔마비 일대(남문다리)가 일종의 상권을 형성했음을 알 수 있다.

팔마문화제, 순천의 어제 오늘 그리고 내일을 품은 지역축제
청백정신과 목민 사상을 담은 팔마비는 지역의 역사적 정체성을 형성하는 데 큰 영향을 미쳤다. 팔마비는 순천의 정신을 상징하는 문화유산이라고 할 수 있다. 이를 기념하기 위해 순천시는 1968년에 순천 시민의 날을 제정하면서 팔마예술제를 열었다. 이 축제는 1979년에 12회를 마지막으로 끝나고 말았지만, 이후 1983년에 시작한 순천문화제를 기점으로 새롭게 시작했다. 주목할 점은 제4회 때(1986)부터 팔마비의 정신을 기리고 받들자는 취지에서 순천문화제가 팔마문화제로 바뀌었다는 사실이다. 팔마문화제의 개최날짜는 1968년에 제정된 순천 시민의 날인 10월 15일 전후였다.

2021년에 제38회째를 맞이한 팔마문화제는 순천의 대표적인 지역 축제로 자리 잡았다. 팔마문화제 때는 다채로운 행사가 펼쳐지는데, 단연 압도적인 건 '팔마'를 형상화한 거리 퍼포먼스다. 여덟 마리의 말을 표현한 조형물을 차에 연결하여 퍼레이드를 한다든지 여덟 사람이 말 가면을 쓰고 거리 행진에 나선다. 팔마문화제는 과거의 역사적 사실이 어떻게 지역 정체성으로 재구성되었는가를 보여주는 사례라 할 수 있다. 이 과정에서 팔마비의 이야기는 순천의 정체성으로 자리를 잡았다고 할 수 있다.

지역 축제는 그 지역에 내재하여 있는 문화자원을 외적으로 표현한 장이다. 그래서 팔마문화제는 팔마비라는 문화자원을 적극적으로 활용했다는 점에서 의의가 있다. 대부분 지

제25회 시민의 날 및 제10회 팔마문화제(1992) 팔마문화제는 '팔마 퍼포먼스'라 할 수 있을 만큼 여덟 마리의 말을 재현하는 문화가 자연스럽게 있다. 사진은 1992년에 치러진 제10회 팔마문화제의 거리 행렬을 담고 있다.

역 축제가 지역적 특성이 없는 공허한 축제로 끝나버리는 경우가 많다는 걸 생각해 보면 말이다. 하지만 팔마문화제가 지역의 정체성을 적극적으로 표방하고 있어도 지역 축제로서 지녀야 할 지역적 독창성을 과연 제대로 구현하고 있는지를 반문해 봐야 한다. 이러한 한계는 대부분의 지역축제가 가지고 있는 문제다. 상당수의 지역 축제가 경쟁력 없는 전시성 행사로 전락하고 있는 상황에서 팔마비에 담긴 정신을 팔마문화제에 자연스럽게 담을 수 있는 방안에 대해 심사숙고하는 시간이 필요하다.

08

옥천
원도심의 역사를 머금은 하천

어느 무더운 여름날이었다. 지금 기억하기로는 몸도 마음도
지쳐가던 즈음이었다. 옥천을 지나갈 때쯤 어디선가 아이들
의 웃음소리가 들렸다. 소리가 나는 쪽으로 고개를 돌아보니
두 명의 아이가 멱을 감고 있었다. 대략 초등학생 3~4학년쯤
되었을까. 그 장면은 이제 막 순천에 살기 시작하던 나에게 무
척 인상적이었다. 줄곧 대도시에서 자라난 터라 도심 한복판
에 자리 잡은 냇가에서 물놀이하는 아이들의 모습은 무척 생
경했기 때문이다. 내가 기억하는 옥천의 첫 번째 모습은 아이
들의 멱 감기였다.

1970년대 옥천의 멱감기 풍경 1978년에 순천남국민학교(현 순천남초) 학생들이 옥천에서 물놀이를 즐기고 있는 모습이다. 수량이 많지 않아 강물 높이는 학생들의 무릎이나 발목 정도까지만 이르고 있다. 지금과 달리 옥천 변은 비포장길로 되어 있다.

옥천을 걷다

옥천은 순천 원도심을 가로지르는 하천이다. 물이 깨끗하고 아름다워서 옥 옥(玉)자에 내 천(川)자를 붙인 것이다. 그래서 인지 옥천에는 모래무지를 비롯한 토종 물고기들이 살고 있다. 옥천 변을 걷다가 유심히 살펴보면 수영을 즐기는 물고기들을 쉽게 찾아볼 수 있다. 옥천은 조선 시대에 '서쪽 시냇가'를 의미하는 서계(西溪)로 불리기도 했었다. 옥천은 식수를 제공하고 동네 빨래터로 제격이라서 주민들의 일상생활을 책임졌다. 마을 어르신의 증언에 따르면 옥천에는 3개의 물레방아가 있었다고 한다.

무더운 여름날 동네 아이들은 옥천에 모여서 놀았다. 옥천 상류에 있는 물웅덩이에서 놀다 보면 시원한 여름을 보낼 수 있었으니까. 코스마다 이름도 다양했다. 오광소, 도치소, 가치소 등등. 이 가운데 도치소는 가장 각광받은 동네 수영장이었다. 오죽했으면 도치소 일대를 고름장이라고 했을까. 이곳은 순천의 산신 중 하나인 박난봉과 그의 부인이 도끼를 주고받다가 떨어뜨려 도치소를 만들었다는 전설이 전해져오고 있다. 도치소에서는 일 년에 꼭 한두 명씩 물에 빠져 죽는 일이 발생하는 바람에 애기귀신이 잡아간다는 괴담이 나돌기도 했다. 그만큼 도치소의 물웅덩이는 깊다고 한다.

옥천은 몇 개의 구간으로 나누어볼 수 있다. 기준은 옥천에 설치되어 있는 7개의 다리다. 이 가운데 원동교-옥천교 구간은 순천의 유교 유적이 많이 남아있는 장소다. 이 구간에 있는 옥천서원은 순천에서 유배 생활을 지낸 한훤당 김굉필(1454~1504)을 기리는 사당이다. 그는 조선 시대를 통틀어 매우 중요한 유학자로 꼽히는 인물 중 한 명이다. 옥천서원 바로 옆에 있는 임청대비는 김굉필과 조위(1454~1503)를 기리기 위해 세운 비석이다. 조위도 순천에서 유배 생활을 한 인물이다. 그리고 보면 옥천서원과 임청대비는 순천이 유배의 땅이었음을 잘 보여준다. 근처에는 용강서원과 순천향교가 있다. 이 유적들은 순천의 유학을 압축적으로 담고 있는 공간이라고 할 수 있다.

다음으로 이어지는 옥천교-남문교 구간은 점심시간에 밥을 먹고 산책하는 직장인들이 많이 출몰하는 곳이다. 그 이유는 맛집과 카페가 옥천교-남문교 구간 일대에 몰려있기 때문이다. 몇 년 전부터 이 구간에는 다양한 식당과 카페가 들어서기 시작했다. 그중에서는 맛집으로 유명한 곳도 적지 않다. 예를 들어, 명란 아보카도 비빔밥과 동파육 덮밥이 별미인 옥천(玉天), 프레첼이랑 단호박 파운드가 일품인 로만티코 등이 있다. 전통 강자들도 무시할 수 없다. 얼큰한 콩나물국밥만 내놓는 옴팡골, 반찬이 너무 맛있어서 주문한 요리가 나오기 전에 한 공기를 뚝딱해버리게 만드는 옛날기와집 등도 잊지 말자.

소위 뜨는 동네의 경우 이태원의 경리단길을 본뜨다 보니 이곳도 '옥리단길'이라는 별명이 붙었다. 낡은 골목길을 새롭게 단장하고, 썰렁한 길거리에 사람들이 북적댄다는 건 반길만한 일이다. 물론 여기에는 지역 주민들에 대한 배려가 있어야 한다. 그런데 옥리단길이라는 명칭에 대해서는 한번 생각

옥천 전경 옥천의 물은 원도심을 관통한 후 동천과 만나 순천만으로 흘러간다. 사진 정면에 있는 다리는 연자루가 있었던 남문교이다. 사진 왼쪽 건물은 남문터 광장이다. (출처: 김주은 제공)

해 볼 필요가 있다. 지금껏 지역의 정체성은 중앙의 관점에서 규정되어 왔다. 각 지역의 뜨는 동네를 '−리단길'로 부르는 문화는 너무나 중앙 중심적인 관점이다. 문화는 중앙에 존재할 뿐이고, 지역은 중앙을 따라 하고 모방해야 하는 주변으로 보는 건 아닌지 반문해 보자.

남문다리의 역사, 연자루의 기억

옥천교−남문교 구간의 매력은 옥리단길로 끝나지 않는다. 이 구간을 걷다 보면 옥천교와 남문교 아래에 조성된 쉼터를 발견할 수 있다. 동네 어르신들이 주로 옥천교 쉼터를 애용하고 있다면, 도시의 산책자들은 남문교 쉼터에 머물다 간다. 그리고 곳곳에는 비밀통로와 같은 골목길이 여러 군데에 걸쳐져 있다. 특히 남문터 광장 3 게이트에서 이어지는 옛 성돌벽 터널을 지나면 카페, 식당, 와인바 등이 들어선 골목 식당가가 펼쳐진다. 이 골목길은 현지 주민이 아니면 돌아다닐 일이 없던 곳이었다.

남문교는 옥천의 7개 다리 중에서 역사적으로 매우 유서 깊은 곳이다. 이 다리는 예나 지금이나 옥천 개울을 건너 원도심을 들락날락하려면 반드시 거쳐야 하는 관문이었기 때문이다. 옛날에는 남문교를 연자교라고 불렀다. 그 이유는 100년 전까지만 해도 남문교에 2층 구조로 지어진 누각이 있었던 까닭이다. 바로 연자루(燕子樓)다. 다시 말해 연자루의 1층은 순천부 읍성의 성문중 하나인 남문이었고, 2층은 누각이었다. 불행 중 다행히 100년 전 순천을 방문한 외국인들이 연자루 일대의 풍경을 사진으로 찍은 게 남아있다. 이를 통해 100년 전 남문교의 모습을 확인할 수 있다.

연자루는 목조 건물의 비애를 잘 보여준다. 나무로 지어진 탓에 낡아 허물어지거나 화재를 입어 불타버리는 일이 일쑤였다. 지금은 사라진 그 공간에서 참 많은 일들이 일어났다. 예를 들어, 1919년 4월 7일에는 박항래가 연자루에 올라가 독

1920년대 연자루의 전경 이 사진은 옥천 변에서 눈높이 각도로 연자루를 찍었다. 흰옷 입은 사람들이 옥천 변의 둑길을 따라서 길을 나서고 있다. 나뭇가지가 앙상한 걸로 보아 한 겨울에 촬영한 것으로 보인다.

립 만세를 외쳤다. 공교롭게도 이날은 장이 들어선 날이었다. 박항래는 사람들이 가장 많이 모이는 장날을 이용하여 만세 시위를 일으킬 계획을 세운 것이다. 1920년대 초중반에는 지역 청년들이 주최한 각종 토론회와 강연회가 연자루에서 열렸다. 이러한 과정에서 지역 청년들은 식민지 조선이 나아가야 할 방향을 고민했다고 볼 수 있다. 연자루는 지역 청년들의 아지트였던 셈이다.

또한, 연자루에서는 일종의 촛불집회가 열리기도 했다. 1923년 12월 29일 순천의 여러 사회단체가 연자루에 모였다. 이유인즉, 1923년 도쿄대지진에서 일본인들의 조선인 혐오로 학살당한 동포들을 기리기 위해서였다. 당시 순천에서 도쿄로 건너가 죽임을 당한 이들이 상당했던 모양인지 연자루에서 열린 참사 동포추도회는 곧 눈물바다를 이루었다. 그 자리에 참석한 경관도 눈물을 흘렸다고 한다. 연자루는 식민지를 살아가던 조선인의 비애와 슬픔이 묻어가던 곳이기도 하다.

그런데 어찌 된 일인지 연자루가 없어진 시기가 잘못 알려지고 있다. 연자루는 지역사회의 사랑방 역할을 톡톡히 했지만, 개발의 논리 앞에서 속수무책이었다. 당시 신문 기사를 살펴보니까 연자루는 1925년 7월에 헐려버렸다. 이때 순천의 대지주인 서병규가 거금을 들여 연자루의 고재를 사들였다고 한다. 800여 년간 순천의 역사와 함께했던 연자루가 허망하게 사라져 버린 것이다. 문제는 일찍이 순천의 역사를 정리한 『순천 승주 향토지』(1975)가 연자루의 훼철 시기를 '1930년'으로 기록하고 있다는 점이다. 이 책의 오류는 계속해서 재생산되고 있다. 여기서 이 글을 쓰는 이유는 지금이라도 연자루의 훼철 시기가 제대로 알려지기를 바라는 마음에서다. 연자루는 순천의 역사를 상징하는 건축물인 만큼, 사실관계가 정확히 정리되어야 할 필요가 있다.

이수합으로 가는 길

시내나 글로벌 웹툰센터에 볼 일이 있다면 남문교–성남교 구간으로 가보자. 웹툰센터는 성남교에 도착하자마자 바로 보이는 곳에 있다. 동네 사람들은 웹툰센터 자리에 시민극장이 있었다고 해서 성남교를 '시민 다리'라고도 부른다. 한때 순천은 성남교를 중심으로 국도극장, 황금극장, 코스모스극장, 시민극장, 맘모스극장, 시네마극장 등이 몰려있어서 극장의 도시를 방불케 했다. 이 가운데 지금까지 명맥을 유지하고 있는 극장은 없다. 아쉬운 일이다. 다만 맘모스극장이 CGV 극장으로 바뀌었을 뿐이다. 2000년대에 신도심이 형성되기까지 성남교 일대는 순천의 '시내'로서 항상 많은 사람으로 붐볐다.

성남교를 지나서부터는 동천으로 향하는 길이 펼쳐진다. 성남교에서 성동교를 지나 이수교에 다다르면 옥천과 동천이 만나는 이수합(二水合)의 풍경이 나온다. 이를 두고 선조들은 순천을 삼산이수의 고장으로 불렀다. 이곳에는 조선 시대에 광진(廣津)이라는 나루터가 있었다. 나루터는 강가나 냇가의 배가 건너다니는 곳으로 마을과 마을을 이어주는 교통의 요충

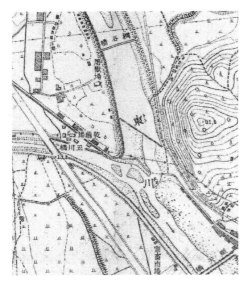

1935년 순천읍지도에 표시된 이수합 일대와 건견장(乾繭場) 예전에는 비단을 만들기 위해 누에고치에서 실을 뽑아내는 양잠업(養蠶業)이 성행했었다. 그러기 위해서는 누에고치가 나방으로 변하지 않도록 누에고치를 말리는 건견장이 필요했다. 이수합 일대에 건견장이 있었다는 것은 옥천 하류가 순천의 양잠업에서 중요한 장소였음을 의미한다. 동천 일대에 모래밭이 상당했다는 사실도 지도를 통해 확인할 수 있다.

지였다. 나루터는 땅과 물이 만나는 곳인 만큼, 나루를 통해 육지의 문화가 물로 떠나기도 하고 물의 문화가 육지로 올라오기도 했다. 광진에서 배를 타고 가면 동천의 하류로 내려가 용두포까지 이르렀다고 한다. 지금은 사라진 물길이다.

식민지 시기에는 이수합 일대가 누에고치 건조장인 건견장(乾繭場)이었다. 우연히 1935년에 작성된 지도를 살펴보다가 알게 된 사실이다. 이 당시 전라남도는 쌀·누에고치·면화로 유명한 삼백(三白)의 고장이었다. 이 세 가지는 근대 호남의 산업을 대표하면서도 일제의 착취를 보여주는 수탈의 상징이었다. 증언에 따르면 동천과 옥천이 만나는 이수합 일대에 명주와 솜을 모아 일본으로 수출하는 집산처가 있었다고 한다. 목포에 본점을 둔 남북면화회사가 이곳에서 순천지점을 운영했다.

09

동남사진사
국내 최초의 사진기 장인들

카메라는 세상을 비춰주는 창이다. 1839년에 처음 등장한 이후 카메라는 아름다운 자연과 역사의 현장을 렌즈에 담아 수많은 기록을 남기고 있다. 역사를 공부하는 입장에서 카메라가 남긴 사진은 문헌자료가 이야기하고 있지 않은 사실을 알 수 있다는 점에서 매우 중요한 사료다. 흥미로운 사실은 순천이 카메라와 인연이 깊은 도시라는 점이다. 전주의 여명카메라박물관의 설명에 따르면, 순천에 있던 "동남사진기공업사가 우리나라 최초로 만든 카메라 회사"라는 것이다. 국내 기술로 제작한 최초의 카메라가 순천에서 만들어졌다는 이야기는 퍽 낯설다. 도대체 이 이야기 속에는 어떤 사연이 숨어 있는 것일까.

순천에서 시작된 국산 사진기의 생산

사연의 시작은 동남사진기공업사를 창업한 고(故) 김철우 사장(1914~1982)에 대한 이야기부터 풀어나가야 할 듯싶다. 창업자 김철우 사장은 목포 출신의 사진사다. 목포의 기독교 학교에서 교육받은 그는 두 형들과 함께 목포 역전에서 사진관을 운영했었다. 그가 사진관을 개업하기 전에 목포에서 사진술을 배웠는지 아니면 사진관 일을 도우면서 노하우를 전수받았는지는 분명하지 않다. 확실한 사실은 그가 1942년 무렵에 가족을 데리고 순천으로 건너와서 가네다(金田) 사진관을 열었다는 점이다.

그가 문을 연 사진관은 현재 랜드로바 가게가 자리 잡고 있다. 그런데 나는 몇 가지 자료를 통해서 이곳에 사진관이 들어서기 전에 춘일정(春日亭)이라는 가게가 있었다는 사실을 새롭게 알 수 있었다. 춘일정은 나카야마 하루요시(中山春吉)라는 일본인이 운영한 고급 요리점이었다. 경영자인 나카야마 하루요시는 러일전쟁 전후에 조선으로 와서 장사를 시작한 재조일본인이었다. 1930년 1월 춘일정에서 전남단가대회가 열렸다고 하니까 최소한 1930년대 초반까지는 춘일정이 문을 열었음을 알 수 있다.

해방 후 김철우 사장은 다른 사람에게 사진관의 운영을 맡

동남사진문화공간 연자로 9번지에 자리한 동남사진문화공간은 국내 최초로 대중판 사진기를 만든 동남사진공업사를 알리기 위해 조성된 문화공간이다. 사전 신청을 하면, 대형사진기로 사진 찍기와 암실 인화 원데이클래스 등의 프로그램을 체험할 수 있다.

기고 사진기 재료점인 스─빠사진기점을 열었다. 여기서 말하는 스─빠란 SUPER의 일본식 표기이다. 이때부터 그는 전국을 대상으로 카메라와 사진현상에 필요한 화학약품을 판매하는 일에 나섰다. 그러다 김철우 사장은 카메라 제작에 눈을 돌리기 시작했다. 그가 정확히 언제부터 카메라의 국산화를 모색했는지는 알 수 없다. 다만 대한민국 정부 수립 이후 카메라를 사치품으로 간주하여 수입이 금지되고 있었던 상황이 크게 작용하지 않았나 싶다. 아마도 김철우 사장은 카메라 수입 금지라는 상황을 타개할 방법으로 카메라 제작을 생각했던 것 같다.

그런데 그의 시도는 무모한 건 아니었다. 일단 그는 사진 관과 사진기점을 운영해 본 경험이 있었다. 덕분에 그에게는 카메라에 대한 풍부한 정보와 지식이 있었다. 현재 랜드로바를 운영하는 김중식 사장이 기억하는 아버지의 모습은 전국을 돌아다니며 기술을 배우고 순천에 기술자들을 데리고 온 집념의 선구자였다. 거기다 그는 철공장이라는 자본을 소유하고 있었다. 당시 철공장이 무엇을 만들고 있었는지는 알 수 없지만, 이후의 카메라 제작에 중요한 토대가 되었음은 분명하다. 카메라에 대한 기계적 이해와 물적 토대를 가지고 있던 만큼, 그는 새로운 도전에 나서기로 했다. 바로 동남사진기공업사라는 카메라 제작 공장을 만들었던 것이다.

동남사진사의 장인정신

1952년에 문을 연 동남사진기공업사(이하 동남사진사)는 전쟁의 포화 속에서 카메라의 국산화를 모색했다. 그때까지 국내 기술로 만들어진 카메라는 단 한 개도 없던 시절이었다. 동남사진사가 주력상품으로 만든 건 대중판(大中板) 사진기였다. 대중판 사진기란 전문 사진사들이 증명사진이나 기념사진을 찍기 위해 4×6인치 이상의 큰 필름으로 사용하는 대형 카메라를 지칭한다. 그래서 결혼, 졸업, 돌잔치, 회갑 기념 등 주

128

로 생애주기별 기념사진을 촬영하는 일에 동남사진사의 카메라가 사용되었다. 엄밀히 말해 동남사진사는 국내 최초로 '대형 카메라'를 생산한 기업체라고 할 수 있다.

동남사진사는 전국의 장인들을 영입하여 공정 과정을 목공부, 주물부, 선반부, 도장부, 도금부, 조립부로 나누었다. 렌즈만 빼고 카메라에 들어가는 모든 부품을 자체적으로 제작했다. 무엇보다 김철우 사장이 고심한 건 카메라의 본체였다. 카메라가 제 기능을 발휘하려면 빛을 완벽하게 차단해야 했기 때문이다. 이를 위해서는 카메라의 본체를 이루는 나무가 뒤틀려 있지 말아야 했다. 김철우 사장은 어렵게 지리산 벚나무를 공수하여 카메라 본체를 만드는 일을 했다. 지리산 벚나무를 목재로 들여와 2~3년 동안 말리고 솥에서 쪄서 카메라 본체를 만드는 고된 일이었다.

시기별로 구분해 볼 때 동남사진사의 카메라 제작은 제1기(1952~1960)와 제2기(1961~1970), 그리고 제3기(1971~1976)로 나누어볼 수 있을 것 같다. 이 시기 구분에서 아주 중요한 기준은 카메라 본체의 소재이다. 초창기의 카메라 본체가 주로 나무로 만들어졌다면, 제2기와 제3기를 거치면서 본체의 소재는 가죽과 알루미늄 등으로 바뀌었다. 이러한 변화는 동남사진사의 카메라 제작 기술이 발전하면서 본체의 소재가 점

초창기 대중판 사진기 삼각대 위에 사진기를 올려놓고 검은 천을 뒤집어쓴 채 렌즈를 조절하여 사진을 찍었던 시절이 있었다. 동남사진기공업사가 제작한 대중판 사진기와 삼각대는 사진기가 귀했을 때 사람들이 사진관에 가서 사진을 찍었던 시절을 증언하는 유물이다. 사진은 동남사진기공업사가 초창기에 만든 것으로 뒤틀림 방지를 위해 모서리에 황동 경첩을 달았다. 사진기 제조업의 발달사를 파악할 수 있는 중요한 자료이다.

차 개선되어 갔던 것을 보여준다.

섬세한 공정을 거친 만큼 카메라의 질은 좋을 수밖에 없었다. 동남사진사의 장인들은 부품의 부식을 방지하기 위한 니켈 도금을 직접 작업했으며, 부품 하나하나를 검수한 끝에 아무런 하자 없는 부품만으로 카메라를 완성했다. 그래서 동남사진사의 카메라는 전체적으로 가공 기술, 정교함, 내구성에서 높은 수준의 기술력과 장인정신을 보여주고 있다. 이들의 노력은 1955년 10월에 열린 산업박람회에서 동남사진사의 카메라가 민의원 의장상을 받는 결과로 이어졌다. 동남사진사의 수상은 그 기술력이 대외적으로 인정을 받을 만큼 일정한 수준에 이르렀다는 것을 의미한다.

제2기를 맞이하면서 동남사진사는 밀려드는 주문량에 밤샘 작업을 하는 경우가 많아졌다. 이때 동남사진사는 전국의 사진관에 카메라를 납품하기 시작했다. 제3기 때는 수출제일주의를 표방한 시대적 상황에 맞추어 카메라에 영문 상표 라벨을 붙였으며, 사진 확대기를 생산하는 일에도 주력했다. 1970년대는 소형 카메라의 보급이 확대되면서 확대기의 수요가 늘어난 시기였기 때문이다.

그런데 이렇게 승승장구하던 동남사진사는 1976년 1월 25일에 화재로 순식간에 사라져 버렸다. 당시 동남사진사는 카메라 제작을 중단해야 할 만큼 큰 피해를 입었다. 결국 이 사고를 계기로 동남사진사는 역사의 뒤안길로 사라져 버려야 했다. 이후 동남사진사가 있던 부지에는 빌딩이 들어섰다. 현재 지상층은 상가건물로 이용되고 있으며, 지하공간은 동남사진사의 역사를 소개하고 관련 유물을 전시하는 공간인 동남사진 문화공간으로 활용되고 있다.

동남사진사의 문화재 등록

동남사진사가 제작한 카메라는 국내 카메라 제조업의 발달사를 이해하는 데 매우 중요하다. 특히 주목해야 할 점은 동남사진사가 리버스 엔지니어링(역설계)을 통한 기술 습득으로 카메라 제작에 성공했다는 사실이다. 리버스 엔지니어링이란 이미 만들어진 제품을 역으로 추적하여 제작 기법을 알아내는 걸 말한다. 이미 만들어진 카메라를 하나하나 분해하며 제작 기술을 고안해 냈을 장인들의 모습을 상상해 보자. 2021년 12월 7일 자로 동남사진사의 카메라와 확대기가 문화재로 등록될 수 있었던 결정적인 이유는 바로 리버스 엔지니어링에 있었다. 이때 문화재로 등록된 건 카메라 4점과 확대기 2점, 그리고 기타 7점(필름 홀러 3점, 삼각대 2점, 스탠드 1점, 셔터 1점)이었다.

동남사진사의 문화재 등록은 의미가 남다르다. 지금까지 한국 근현대사의 생활문화를 보여주는 유물 중에서 문화재로 등록된 경우는 공병우 타자기와 금성 라디오, 그리고 우리나라 최초의 흑백 TV인 금성 텔레비전이 전부였기 때문이다. 사진 관련 분야에서 문화재의 가치를 인정받은 건 동남사진사의 카메라와 확대기가 처음이다. 그 맥은 끊겼지만, 동남사진사가 이룬 일은 산업문화유산을 풍부하게 만들어주기에 충분하다. 동남사진기는 한국의 사진 문화사와 사진 공업사에서 하나의 분기점을 이루었다고 할 수 있다.

혹시 주변에 오래되고 큰 사진기가 있다면 '동남'이라는 로고타이프가 있는지 살펴보길 바란다. 동남사진사는 카메라에 '동남'이라는 로고타이프와 제품 생산지인 '순천'을 빠뜨리지 않고 표시했기 때문이다. 특히 동남사진사는 초기 생산모델에 순천근제(順天謹製)라는 라벨을 붙였다. 순천근제란 "순천에서 만들었다"라는 의미를 담고 있다. 현재 동남사진사가 제작한 카메라와 확대기 등은 전국 각지의 수집가들이 모으고 있는 아이템 중 하나가 되어 버렸다. 동남사진사의 제품을 소장하고 있는 박물관도 제법 있는 모양이다. 그 수와 종류는 현재까지 파악조차 되지 않고 있다. 동남사진기는 우리가 보전해야 할 문화유산으로서 관심을 두고 찾아야 할 역사다.

초창기 대중판 사진기 동남사진기공업사가 만든 제품에는 '동남사'의 상표가 빠짐없이 붙어 있다. 특히 상표에 제품 생산지인 '순천'을 빠트리지 않고 표시하기 위해 '順天謹製(순천에서 만들었다)'라는 글씨를 새겼다.

10

화월당
100년을 이어온 맛있는 빵집

세상에는 매우 다양한 종류의 디저트가 있지만 빵만큼 가장 많은 사람에게 사랑을 받는 디저트는 없을 것이다. 굳이 빵 덕후가 아니더라도 지역마다 있는 유명한 빵집을 둘러보는 건 여행의 쏠쏠한 재미를 더해준다. 맛있는 빵을 먹으며 누릴 수 있는 특유의 행복은 아주 큰 돈이 들지 않기에 부담도 없다. 오븐에서 익어가는 빵의 고소한 냄새는 타인에 대한 친절도를 높인다는 연구 결과가 나왔다고 하니 절로 고개가 끄덕여진다. 그래서 유명 빵집이나 숨어 있는 장인이 만드는 빵을 찾아서 전국을 일주하는 빵집 투어가 유행 중이다.

아마도 단팥빵과 야채빵으로 유명한 군산의 이성당, 공룡

알빵과 나비파이로 이름을 날린 광주의 궁전제과, 튀김소보로빵이 일품인 대전의 성심당 등은 빵집 투어를 나서는 이들이 가장 먼저 방문하는 곳이다. 개인적으로는 전주의 풍년제과 앞에서 아주 긴 줄을 서서 초코파이를 샀던 기억이 난다. 아쉽게도 안동의 맘모스제과는 너무 멀어서 아직 가볼 엄두를 내지 못하고 있다. 경주의 찰보리빵과 통영의 꿀빵 등 빵이 지역의 특산물로 각광을 받기도 한다. 지역 경제를 살리기 위해 특산물로 만든 특화 빵을 고심하는 지자체도 여러 곳이다. 가야 할 곳은 많고, 먹어봐야 할 빵은 더 많다.

100년 빵집, 화월당

순천도 맛있는 빵집이 제법 있다. 1994년에 문을 연 조훈모과자점은 생크림단팥빵 등 다양한 종류의 빵을 맛볼 수 있는 곳이라서 지역 주민이나 여행객들에게 많은 사랑을 받고 있다. 30년 가까이 영업했으니 녹록지 않은 세월을 보내며 빵을 만든 곳이다. 그런데 조훈모과자점보다 더 유구한 역사를 자랑하는 지역 빵집이 있다. 바로 원도심의 중심 지역인 중앙로 대로변에 위치한 화월당(花月堂)이다. 이곳은 무려 100년 동안 빵을 만들며 지역사회와 함께 한 빵집이다. 화월당은 오랜 세월만큼이나 많은 추억과 이야기가 깃들어 있는 곳이다.

화월당의 창업주는 일본인이었다. 1920년에 일본 시마네 현에 거주하고 있던 고바야시(小林)가 가족들과 함께 순천으로 이주하여 화월당을 개업한 것이다. 특이하게도 고바야시의 직업은 건축가였다. 당시 화월당이 위치한 곳은 순천의 혼마치(本町)에 해당하는 동네였다. 혼마치는 일제강점기에 명명된 일본식 지명이다. 일제는 새롭게 형성된 일본인 거주지에 혼마치라는 지명을 부여하여 도시공간에 대한 감각을 새롭게 바꾸어나갔다. 즉, 혼마치는 도심의 번화가를 지칭하는 하나의 메타포이자 근대 도시사를 살피는 데 핵심인 지역이다.

고바야시의 뒤를 이어 화월당을 운영한 이는 고(故) 조천석 사장(1914~2009)이다. 그는 열다섯 살 때인 1928년에 화월당의 점원으로 취직했다. 소년 조천석은 화월당에서 근무하면서 제빵 기술을 착실하게 배워나갔다. 먹을 것이 항상 부족하던 시절, 소년 조천석은 빵집에 취직했다는 사실만으로도 주위의 부러움을 샀다. 당시 일본인 사장은 기술에 남다른 관심을 기울여 전국의 기술자들을 초청하는 경우가 많았다고 한다. 소년 조천석은 이 기회를 활용하여 자신의 제빵 기술을 키워나갔다.

그가 화월당을 인수한 건 1945년 해방을 맞이하면서였다. 일본이 제2차 세계대전에 패배하자 고바야시는 짐을 꾸려 본

국으로 돌아갔다. 이 기회를 놓치지 않고 청년 조천석은 미군
정청으로부터 화월당을 정식으로 불하받았다. 화월당에 취업
한 지 18년 만에 이루어진 일이었다. 청년 조천석은 갈고닦은
제빵 기술을 활용하여 빙수, 셰이크, 도넛, 샌드위치 등 다양
한 메뉴를 선보였다. 하지만 장사는 순탄하지 못했다. 한국전
쟁을 전후로는 나라 전체가 굶주림에 허덕이던 시기라서 빵이
제대로 팔릴 리가 없었기 때문이다. 거기다 원료도 부족했다.
사장 조천석은 밀가루에 강냉이 가루나 쌀겨 가루를 섞어 만
든 빵을 싼 가격에 내다 팔았다.

조천석 사장이 일본인 사장과 함께 찍은 사진 일제강점기 화월당의 모습을 보여주는 사
진이다. 왼쪽에 자녀를 안고 있는 인물이 화월당 창업주인 고바야시(小林)인 것으로 보인다.
양 무릎에 손을 얹고 다소곳이 앉아 있는 청년은 고(故) 조천석이다. 그의 뒤에는 일본 캐릭터
가 그려져 있는데, 아래에 '순천'과 '옥천'이 새겨져 있다.

빵집만으로는 가족의 생계를 꾸리기가 힘들어지자, 그는 농사일을 병행했다. 그는 농사일을 하면서도 이틀에 한 번씩 한나절에 걸쳐 빵을 만들었다. 그의 농사는 1970년대 들어서면서까지 숱한 시련을 넘기며 화월당을 사수할 수 있게 한 힘이 되어 주었다. 정성이 담긴 그의 손맛은 점차 지역 사람들에게 알려지기 시작했다. 다행히 1950년대 중반부터는 밀가루가 생산되어 원료 부족의 어려움을 덜 수 있었다. 그가 가장 기억하는 어려운 시기는 '4·19에서 5·16에 걸친 시기'였다. 그의 기억에 따르면, 이때는 나라 전체가 혼란기였다. 장사가 되지 않았을 뿐만 아니라 밀가루 공급마저 뚝 끊겼다고 한다.

화월당이 제일 번성한 시기는 1960~70년대였다. 그 당시 화월당은 젊은 남녀의 미팅 장소로, 맞선 자리로, 지역에서 여유 있는 사람들이 이용하는 고급 음식점으로 많은 사랑을 받았다. 직원도 열 명이 넘었다. 1970년대 초에 화월당은 재래식 기와집을 헐어 현대식 3층 건물로 가게를 증축하기도 했다. 맛있는 빵에 대한 일념 하나만으로 숱한 시련을 이겨내며 한 자리를 지켰기에 이룰 수 있는 성과였다.

화월당의 전성기를 이루다

전성기가 있다면 침체기도 있는 법이다. 1980년대가 되자 화

1970년대 화월당 모습 새마을운동의 일환으로 여학생들이 안전난간을 닦고 있다. 그 뒤에는 'Bakery 화월당' 간판이 걸려있으며, 대한전선, 한일부동산, 중앙서점, 동국상사, 별표전축 등의 가게들이 즐비해 있다. 흥미로운 점은 화월당 앞 택시 정류장의 이름이 '화월당'이라는 사실이다. 이는 화월당이 지역사회의 중요한 이정표로 작용하고 있었다는 것을 의미한다.

월당은 위기를 맞이했다. 3저 호황에 따라 경제가 성장하면서 사람들은 더 새로운 맛을 원했던 것이다. 새로운 맛과 세련된 인테리어를 앞세운 프랜차이즈 빵집에 사람들이 몰려갔다. 그러면서 전통적인 지역 빵집들은 문을 닫기 시작했다. 군산의 이성당, 대전의 성심당 등도 한동안 침체기를 겪어야 했다. 이때 조천석의 둘째 아들인 조병연 씨가 경영에 참여하기 시작했다. 그는 부친이 빵집과 함께 운영하고 있던 제빙공장을 돌보며 일을 배워나갔다. 아버지의 일을 도우면서 그의 눈길은 자연스럽게 빵집으로 향했다.

조병연 씨는 화월당 경영에 본격적으로 참여하면서 빵집을 하나둘씩 바꿔나갔다. 무엇보다 그는 수작업에 의존하던 틀을 벗고 반죽 기계와 오븐 등을 들여와 제조 공정을 현대화했다. 제품의 종류도 대폭 늘려 변화된 소비자의 기호에 맞췄다. 아버지의 '손맛'과 아들의 '의욕'이 어울려지면서 화월당은 다시 한번 전성기를 이룰 수 있었다. 이후 화월당은 명실상부한 제빵 가문으로 전성기를 구가하였다.

현재 화월당은 딱 두 가지 종류의 빵만 판매하고 있다. 계

화월당 과자점 현재 화월당의 모습이다. 화월당 과자점 간판에 있는 'SINCE 1928'은 조천석이 화월당 점원으로 취직한 연도를 가리킨다. 2020년에 중소벤처기업부와 소상공인시장진흥공단이 화월당을 '백년가게'로 선정했음을 알리는 안내판이 출입문 오른쪽에 있다.

기는 1997년에 터진 IMF 사태였다. 이때 화월당은 많은 종류의 빵을 만들어봐야 대기업 중심의 프랜차이즈와 도저히 경쟁할 수 없겠다는 판단을 하면서 단품종 소량생산의 전략을 취했다. 즉, 화월당은 빵 종류를 제한하는 대신에 품질을 높이기로 했다. 그래서 등장한 빵이 화월당의 전통 메뉴인 모찌와 볼 카스텔라이다. 때마침 사람들은 새로운 빵을 찾기보다 향수를 자극하는 전통 빵에 다시 눈을 돌렸다. 화월당의 인기가 치솟기 시작한 건 두말할 필요가 없다. 오랫동안 한자리에서 꿋꿋하게 버틴 것도 한몫했다.

3대 가문으로 이어진 맛의 자부심

현재 화월당은 조천석의 손자인 조순석 사장이 운영하고 있다. 한국에서는 흔히 볼 수 없는 3대 경영이 이루어지고 있는 셈이다. 그 결과 2020년 6월 11일에 화월당은 중소벤처기업부와 소상공인시장진흥공단이 꼽은 '백년가게'에 선정되기도 했다. 화월당은 100년의 역사를 간직한 만큼 순천 원도심의 역사와 맛을 이어온 빵집이라는 평가를 받기에 충분하다. 그래서 화월당의 역사는 그 자체만으로 마케팅의 효과를 불러일으킨다. 가게 안에 비치되어 있는 오래된 사진들은 100년의 이야기를 전시하고 있다. 화월당을 다녀간 이들이 블로그 등에 화월당의 맛뿐만이 아니라 역사도 쓰면서 소비자들의 감성을 자극한 것이다. 100년이라는 역사에 이야기를 입힌 감성 마케팅은 화월당이기에 구사할 수 있었다.

다만 화월당은 진열대에서 빵을 구경하는 재미가 없다는 게 아쉽다. 그 이유는 화월당이 예약제로 모찌와 볼 카스텔라를 판매하고 있기 때문이다. 처음에는 타지에 나간 순천 출신들이 고향 생각에 주문한 경우가 많았는데, 어느새 명성이 퍼지면서 택배 주문이 많아진 것이다. 시내를 거닐다 보면 노란색 빵 케이스에 노란색 종이 가방을 들고 다니는 사람들을 심심치 않게 볼 수 있다. 바로 화월당의 빵 케이스다. 원도심의 골목을 지키고 있는 화월당을 방문할 계획이 있는 분은 꼭 사전에 예약해서 당황스러운 일이 생기지 않도록 하자.

11

웃장과 아랫장
열흘에 네 번 장터가 열리다

시장은 지역 주민의 생활상을 잘 보여주는 곳이다. 주민들이 평소에 무엇을 먹고 어떤 물건을 사용하는지 알 수 있는 장소가 시장이기 때문이다. 근대에 상설 시장이 들어서기 전까지는 닷새마다 열리는 오일장이 있었다. 장날이 되면 평소에 조용하던 동네가 활기를 띠고, 손이나 어깨 위에 곡식 자루나 달걀 꾸러미 등을 이고 지고 사람들의 행렬로 북적거렸다. 자주 못 만나는 사이끼리는 장날을 이용해서 술잔을 주고받으며 이런저런 이야기를 나누기도 한다. 세상 돌아가는 소식도 장터에 모인 사람들의 귀와 입을 통해 시골 구석구석까지 퍼져나간다. 시장의 왁자지껄함과 약장수의 능청맞은 익살은 장날의 정취를 잘 보여주는 소리풍경이다.

웃장의 탄생

순천의 대표적인 상설 시장이자 오일장은 웃장과 아랫장이
다. 웃장과 아랫장의 원래 명칭은 각각 북부시장과 남부시장
이었다. 그 이유는 시장의 위치가 원도심 북쪽에 있는지 아니
면 남쪽에 있는지에 따라 명칭이 만들어졌기 때문이다. 그런
데 순천 사람들에게는 웃장과 아랫장이 더 익숙하고 친숙하
다. 한마디로 웃장과 아랫장은 순천의 길거리 문화를 잘 보여
주는 명칭이라고 할 수 있다. 결국 순천시는 2009년에 조례를
개정하여 전통적으로 부르던 웃장과 아랫장을 공식화했다.

　웃장의 역사를 이야기할 때는 부내장을 빼놓을 수 없다.
부내장(府內場)이란 '순천도호부 안에서 열리는 시장'을 의미
한다. 부르는 사람에 따라서는 읍내장(邑內場)이라고도 한다.
부내장은 순천부 읍성의 남문을 기점으로 읍성 한 가운데 쭉
펼쳐진 길을 따라서 이어졌다. 100년 전 순천을 방문한 미국
선교사가 남긴 사진을 보면, 읍성을 가로지르는 길에 시장이
펼쳐져 문전성시가 이루어졌다는 걸 알 수 있다. 이는 순천
부 읍성의 한가운데가 상업과 유통의 중심지였다는 걸 의미한
다. 세월이 흘러가면서 길의 흔적은 자동차가 돌아다니는 도

부내장 사진 미국 남장로교 선교사 유애나(영어명은 애너벨 니스벳)가 집필한 『Day in and Day out in Korea』(1919)에는 순천 장날의 풍경을 담은 사진이 실려 있다. 구도상 이 사진은 촬영자가 연자루에 올라가 부내장의 광경을 찍은 것이라 할 수 있다. 촬영자 혹은 사진기를 신기하듯이 바라보는 아이들과 장꾼들의 시선을 볼 수 있다. 소실점에 높이 솟은 팔각지붕 건물은 객사(客舍)로 추정된다.

로로 바뀌어버렸다.

장이 들어서면 수많은 행상이 몰려왔다. 과일과 음식 등을 광주리에 담아 가지고 파는 광주리장수, 짚으로 엮어 만든 그릇에 고기를 파는 둥우리장수, 병에 술을 담아 들고 다니면서 파는 들병장수, 아무 물건이나 냅다 파는 뜨내기장수, 장터에 일없이 나온 맥장꾼, 만병통치약이라고 선전하며 촌로들을 유혹하는 약장수, 사람이 많은 곳에 자리를 펴서 도박을 펼치는 야바위꾼 등이 장날의 풍경을 이룬다. 덕분에 장이 들어서면 순천부 읍성의 골목길은 시장으로 변했다. 골목길마다 짚신 시장, 어시장, 담배 시장, 옹기 시장, 그리고 삼베 시장이 들어선 것이다.

한편 부내장은 지역사회의 문화 공연이 열리는 축제의 장이기도 했다. 가령 1923년 10월 순천지방청년회는 운영비를 충당할 목적으로 일종의 아마추어 연극단을 꾸려서 이틀간 부

1980년대 웃장의 풍경 순천부 읍성의 북문 밖에 개설된 웃장은 상설시장이면서 5일과 10일로 끝나는 날에 큰 장터가 열린다. 사진은 1980년대 초반에 열린 웃장의 풍경이다. 삼삼오오 주민들이 물건들을 고르고 있다. 사진 왼쪽에는 동네마다 한 대씩 있었던 스프링 목마가 있다. 현재 이곳은 웃장의 주요 먹거리 중 하나인 떡볶이 포장마차들이 있다.

내장에서 연극을 올렸다. 이때 천명 이상의 관중들이 연극을 보러 왔다고 한다. 그해 12월에는 조선여자교육협회가 부내장에서 순회공연을 열었다. 순천의 노동야학회는 힘들게 공부하는 학생들의 학비를 모으기 위해 연극단을 조직하여 부내장에서 무대를 펼쳤다. 노동야학회는 주민들의 뜨거운 호응에 여수로 순회공연을 돌기도 했다. 그다음 해에도 부내장에서는 몇 차례의 연극 공연이 개최되었다.

그런데 1920년대 후반에 이르러 부내장의 공연 문화는 사라져 버렸다. 그 이유는 일제가 순천의 도시공간을 정비하는 과정에서 부내장을 북문 밖으로 옮겨버렸기 때문이다. 일제가 보기에 부내장은 시가지의 중심에 자리 잡고 있어서 위생과 교통 문제를 일으키는 요인이었다. 부내장의 이전 문제는 1927년에 처음 제기되었는데, 그해 순천은 시장을 이전해야 한다고 주장하는 쪽과 시기상조라고 맞받아치는 쪽의 갈등으로 논란에 휩싸였다. 그렇게 말도 많았고 탈도 많았던 시장 이전 문제는 2년간의 논란 끝에 북부시장의 개설로 일단락되었다. 현재 웃장으로 불리는 북부시장이 탄생하는 순간이다. 다만 어시장은 북부시장으로 이전하지 않고 부내장의 위치에 그대로 남았다. 이 어시장은 지금의 남내동 상설 시장인 중앙시장의 모체가 되었다.

웃장의 문화

웃장에 오일장이 열리면 멀리 구례나 곡성에서 온 행상들과 손님들로 하루 종일 북적거린다. 모두가 힘들게 살던 시절에는 산에서 나무를 베어 지게에 짊어지고 온 나무장사꾼도 많았다. 이들은 여름에 땔감을 잔뜩 만들어놓고 겨울에 값을 더쳐서 파는 방식으로 돈을 벌었다. 한때 웃장에는 미국에서 원조받은 밀가루로 만든 수제비를 파는 노점이 많았다. 납작하게 만든 밀가루에 멸칫국물로 끓인 수제비는 고단한 삶 한켠에 작은 위로가 되지 않았을까.

아내가 순천에 반하게 된 계기 중 하나는 웃장에 있었다. 아내가 웃장 근처 원룸에서 살던 시절이었다. 어느 날 아내는 반찬거리를 사러 웃장에 들렀다. 가게들이 하나둘 문을 닫을 즈음, 아내는 밖에 진열한 물건들을 들이고 가게 앞을 청소하고 셔터를 내리던 가게 사장님들이 환한 얼굴로 서로에게 하루 안부를 묻고 수고했다 웃으며 인사를 나누는 장면을 보았다. 이때 아내는 큰소리로 서로를 불러가며 챙기는 모습 사이를 지나가며 가슴이 뭉클했다고 한다. 고단한 하루를 마무리하며 서로를 정답게 의지하는 장면은 매우 인상적이었다고 한다. 아주 환했던 어느 여름날 저녁의 웃장 풍경이었다.

시장은 사람들이 많이 모이는 만큼 식당들이 즐비하다. 웃장에 간다면 국밥 식당들이 나란히 서있는 국밥 골목을 반드시 들러야 한다. 웃장의 대명사는 아무래도 국밥이니까. 괴목식당, 황전식당, 쌍암식당 등 고향 냄새를 풍기는 식당들이 있다. 그런데 어느 식당에 들어가든지 두 명 이상이 국밥을 주문하면 머릿고기와 순대, 그리고 데친 정구지(부추)로 구성된 수육이 기본으로 나온다. 식당에 따라서는 막창 순대와 찰순대가 함께 들어가는 경우가 있다. 참고로 전라도는 순대를 초장에 찍어 먹는 문화라는 걸 유의하자(쌈장이 함께 나오기는 한다). 웃장의 국밥은 국물에 푹 담긴 콩나물의 상쾌함을 특징으

웃장의 국밥 골목 웃장에서 국밥 골목은 빼놓을 수 없는 명소이다. 사람이 지나갈 정도의 간격만 남겨두고 골목 양쪽으로 국밥 가게들이 빼곡하게 들어서 있다. 다만 간판 정비 사업을 통해 간판 모양새가 천편일률적인 건 두고두고 아쉬운 일이다.

로 한다. 9월 8일은 국밥의 날이니까 이날에 맞춰 웃장을 방문해 보는 것도 좋을듯하다.

아랫장, 전남 동부권의 집산지

이번에는 웃장에 이어서 풍덕동 동천 변에 있는 아랫장을 살펴보자. 순천의 역사를 탐구하는 데 반드시 참조해야 하는 『순천 승주 향토지』(1975)는 아랫장의 개설 시기를 1944년으로 기록했다. 이 책에 따르면 일제는 아랫장을 개설하면서 웃장을 없애버리고자 했으나 옥신각신 끝에 존속시키는 방향으로 결론을 맺었다. 그러면서 웃장은 5일과 10일, 아랫장은 2일과 7일에 열리는 정기시장으로 출시되었다고 한다. 이러한 사실은 아랫장이 1949년에 만들어졌다고 하는 통설과 차이가 난다.

증언에 따르면 옛날 아랫장은 순천종합버스터미널 부근에 있었다. 가득 쌓인 농산물, 나무판에 실어 나르던 생선들, 수레를 끌고 가는 사람들의 모습은 사라진 옛 아랫장의 풍경이다. 이후 아랫장은 1977년에 준공된 농산물유통센터를 계기로 풍덕동으로 이전하면서 정기시장에서 상설 시장으로 바뀌었다. IBRD(세계부흥개발은행) 차관으로 지어진 농산물유통센터는 인근 지역에서 생산되는 농산물의 집산지 역할을 함으로

써 농민들에게 정상적인 판로를 제공하여 소득을 증대시키는 데 목적이 있었다. 이를 통해 아랫장은 전남 동부권의 농산물이 모이는 상업 중심지로 부상할 수 있었다. 아랫장이 열리면 동네 구석구석까지 좌판이 벌어질 정도. 거기다 농산물유통센터가 지어지면서 주변에 각종 점포, 음식점, 숙박시설, 주택단지가 건립되어 도심의 확장이 이루어지기도 했다.

웃장의 장터 음식이 국밥에 특성화되었다면, 아랫장의 장터 음식은 다양하다. 추어탕, 장어탕, 해물 꽃게탕, 불고기 구이 등 다양한 종류의 식당들이 아랫장 주변에 즐비해 있기 때문이다. 특히 아랫장 장옥 안에는 저렴한 돈으로 맛있는 음식을 먹을 수 있는 식당들이 있다. 무려 3천 원에 짜장면을 맛볼 수 있는 시장통짜장은 아랫장의 대표적인 맛집이라고 할 수 있다. 이것이 가능한 이유는 아랫장의 점포세가 저렴하기 때문이다. 무더운 여름날에 입맛이 없을 때는 아랫장의 팥죽을 먹어보는 것도 좋다. 아랫장에서만 볼 수 있는 명태대가리전을 먹는 재미도 쏠쏠하다.

아랫장은 반세기가 넘도록 전남 동부권의 물류 중심지로 활약했다. 문제는 대형마트가 들어서면서 재래시장의 상권이 쇠퇴하기 시작했다는 것이다. 여기에 맞서서 아랫장 상인들은 물건을 사고파는 시장에 '문화'와 '관광'을 접목한 다양한

아랫장 순천역과 종합버스터미널 사이에 위치하다 보니 아랫장은 여행자들에게도 접근성이 좋은 장터다. 달력에서 2와 7로 끝나는 날짜에 열리는 아랫장은 끝없이 펼쳐지는 농수산물의 향연이다.

콘텐츠들을 선보이기 시작했다. 특히 2015년 12월에 개장한 야시장은 아랫장의 명물로 자리 잡았다. 무엇보다 아랫장은 재래시장의 본질을 유지하되 시대의 흐름에 발맞춘 변화를 꾀하였다. 그 결과 아랫장은 문화관광형 시장(2015)과 지역선도 시장(2018)으로 거듭나면서 기반을 다져나갈 수 있었다. 오일장의 가장 큰 매력은 나흘간의 공백 끝에 만난 이들의 애틋함과 반가움이다. 걸판진 입담 속에 오고 가는 마음이야말로 오일장의 매력이 아닐까 싶다.

12

탐매마을
가장 먼저 봄을 알리는 매화의 마을

온갖 꽃이 미처 피기도 전에 가장 먼저 봄소식을 알려주는 매화의 별칭은 다양하다. 혹자는 꽃이 너무 일찍 핀다는 의미로 조매(早梅)라고 부르고, 추운 겨울에 핀다고 해서 한매(寒梅) 또는 동매(冬梅)라고 한다. 그 유명한 설중매(雪中梅)는 눈 속에 피는 매화를 가리킨다. 이를 두고 조선의 선비들은 매화를 절개와 지조를 갖춘 이상적 인간, 즉 군자를 상징하는 꽃으로 여겼다. 심지어 매화를 표현한 사자성어가 있을 정도. 그러다 보니 선비들은 겨울 끝자락에 매화를 찾아다니곤 했다. 이것을 탐매(探梅)라고 한다. 아마도 매화만큼 수많은 별칭을 갖고 있는 꽃은 드물 것이다.

매화 벽화 탐매마을은 웃장 건너편에 있다. 마을 전체가 홍매화로 가득한 탐매마을의 경치
는 봄나들이로 제격이다. 따스한 봄볕을 쬐면서 살포시 탐매마을에 내려앉은 분홍빛 봄을 즐
겨보자.

탐매마을의 탄생

매화는 꽃의 색깔에 따라서 꽃잎이 하얀 백매화와 푸른빛이
도는 청매화, 그리고 꽃잎이 붉은 홍매화 등으로 분류되기도
한다. 순천 원도심 일대에 자리 잡은 탐매마을은 홍매화가 가
득한 곳이다. 매년 2월 말에서 3월 사이에 탐매마을을 찾아가
면 구석구석에 피어난 홍매화를 감상할 수 있다. 탐매희망센
터를 검색하면 수월하게 찾을 수 있다. 시기를 놓쳐 홍매화를
보지 못했다면 골목골목에 조성되어 있는 매화 벽화를 구경해

도 좋다. 이렇게 탐매마을은 매화를 찾아 골목길을 탐방하는 재미를 맛볼 수 있는 동네다. 참고로 탐매마을은 정식 지명이 아니라 매곡동의 별칭이라는 사실을 기억하자.

전국에서 홍매화가 가장 먼저 핀다는 홍매가헌은 탐매마을의 명소다. 이곳은 매곡동이 탐매마을로 바뀌는 데 있어서 중요한 단초를 제공한 집이다. 이곳 주인은 순천에서 오랫동안 교사로 근무한 고(故) 김관수 선생님(1920~2003)이다. 이분은 한국전쟁 때 미군 통역사로 근무하면서 알게 된 선암사 주지 스님으로부터 선암매를 받았다고 한다. 집에 돌아가 선암매를 심었더니 어찌 된 일인지 전국에서 가장 빨리 홍매화가 피는 경우가 많았다. 그래서 1960~70년대 신문을 찾아보면 이 사실을 전하는 기사를 꽤 많이 접할 수 있다.

결정적인 계기는 2006년에 시작한 매화 심기 운동이었다. 온 동네 주민들이 매화 심기에 참여하면서 매곡동은 홍매화의 동네로 탈바꿈할 수 있었다. 동네 주민들은 추운 겨울을 견디고 제일 먼저 봄소식을 전하는 매화의 아름다움을 매곡동에서 느낄 수 있도록 해보자는 취지로 몇 년 동안 꾸준하게 홍매화를 심었다. 그 결과 매곡동은 지역적 특성을 끌어내 브랜드화에 성공한 마을로 거듭났다. 덕분에 탐매마을은 전국에서 가장 빨리 봄을 누리는 혜택을 누리는 동네 중 하나가 되었다.

매곡동 석탑재, 민중의 생활사를 엿보다

탐매마을의 오래된 역사는 길가에 놓여있는 삼층석탑을 통해서 확인할 수 있다. 바로 매곡아파트 2단지 앞 도로변에 있는 매곡동 삼층석탑이다. 원래 이 탑은 몇백 미터 떨어진 인근 주택가에 있었다. 그러다 2003년에 새 건물을 짓기 위해 석탑을 옮기던 중 보물이 발견되었다. 투박하지만 사실성이 돋보이는 청동불감과 다양한 요소를 복합적으로 갖춘 금동삼존불상이 1층 지붕돌에서 나온 것이다. 문제는 이 유물들이 불법적으로 여러 사람의 손을 걸쳐 고미술 경매의 매물로 나왔다는 점이다. 다행히 지금은 국가유산청의 노력으로 되찾을 수 있었다. 현재 이 유물들은 국립광주박물관에 소장되어 있다.

개인적으로는 삼층석탑에 보관되어 있던 발원문이 흥미롭다. 이 자료는 금동불상의 제작 연도를 알려줄 뿐만 아니라 조선 시대 순천의 민중사를 보여주기 때문이다. 일단 발원문에 기록되어 있는 200여 명의 시주자들은 대부분 평민 이하의 사람들이었다. 즉, 이 발원문은 1468년(세조 14)에 순천부 별량면 죽사(竹寺)라는 절의 승려들을 중심으로 순천의 민중들이 극락왕생(아미타보살)과 현세의 재난구제(관음보살), 그리고 지옥으로부터의 구원(지장보살)을 염원하며 불상 조성에 참여했음을 알려준다. 조선 초기의 흥불 분위기가 남도에서도 상당했었다는 걸 보여준다. 이를 통해 우리는 조선 시대 순천의 민중 생활사를 엿볼 수 있다.

그런데 별량면은 탐매마을에서 남서쪽으로 아주 멀리 떨어져 있는 곳이다. 거기다 문헌을 찾아봐도 별량면에 죽사라는 절이 있었다는 흔적을 발견할 수 없다. 순천시의 문화유적을 조사한 보고서에 따르면, 별량면에는 10개의 절터가 있다고 하니까 혹시 그중에 하나가 아닐지도 모르겠다. 별량면의 승려들이 탐매마을까지 와서 불상 조성에 참여한 이유는 무엇일까. 1468년 순천에서는 도대체 어떤 일이 벌어졌던 것일까.

매곡동 석탑재 매곡동 석탑재는 1개의 기단석(基壇石)과 3개의 옥개석(屋蓋石)이 남아 있다. 기단석은 석탑의 기초로 쌓는 돌이다. 옥개석은 석탑 위에 지붕처럼 덮는 돌로서 뒤집혀 있는 상태이다. 탐매마을을 산책하면서 15세기 순천 사람들의 염원이 담긴 석탑의 흔적을 찾아보자.

의문은 꼬리에 꼬리를 물고 이어지지만, 현재 알 수 있는 사실은 별로 없다. 다만 조선왕조실록은 1454년에 전라도 일대가 지진으로 매우 많은 사람이 죽었다는 사실을 전할 뿐이다. 이 때 순천도 예외가 아니어서 해괴제(解怪祭)를 지냈다고 한다. 해괴제란 나라에 발생한 괴이한 현상을 물리치기 위하여 지내는 제사를 말한다. 혹시나 이러한 분위기가 1468년까지 이어져서 불상 조성에 영향을 미쳤던 것은 아니었을까.

매산등의 기독교 유적지

이왕 홍매화의 아름다움에 끌려 탐매마을을 방문했다면 조금 더 발품을 팔아 매산등 기독교 유적지 일대를 돌아다녀 보자. '매산등'은 매곡동의 또 다른 이름이다. 아무래도 매곡동이 시내가 내려다보이는 약간 높은 등성이에 위치해서 생긴 지명이다. 그런 점에서 매곡동은 별명이 참 많은 동네이다. 사실 매곡동은 100여 년 전만 해도 미국인 선교사들이 거주했던 마을로 유명했다. 순천은 전라도 지역에서 전주−군산−목포−광주에 이어서 선교사들의 거점 기지로 주목을 받았다. 이들이 보기에 순천은 섬진강 일대에 기독교를 전파하는 데 중요한 역할을 할 수 있는 도시였기 때문이다.

1912년은 매곡동에 선교사 마을이 조성되기 시작한 시기다. 선교사들이 오기 전까지만 해도 매곡동은 공동묘지 일대였다. 이들은 조선인 인부를 고용하여 화강암을 나르게 했고, 중국인 석공들을 시켜 건물을 짓게 했다. 그렇게 해서 선교사마을 입구에는 교회가, 그 위에는 학교가, 전망이 좋은 높은 곳에는 집이 세워졌다. 조금 구석진 자리에는 전염병 방지를 위해 격리병동을 만들었다. 마을의 공간구조가 밑에서부터 위로 올라갈수록 종교 구역 → 교육 구역 → 주거 구역으로 구성된 것이다. 이 사실을 유념한 채 매곡동을 돌아다니면 기독교 유적지의 공간구조가 확 들어올 것이다.

먼저 출발 지점을 마을 입구에 해당하는 순천중앙교회로 삼자. 100년 이상의 역사를 간직한 이 교회는 순천의 기독교 역사를 상징하는 곳이다. 뒤편에 자리 잡은 순천 기독진료소는 결핵 환자들을 치료하는 곳이지만, 원래 성경을 가르치는 건물이었다. 여기서 위로 걷다 보면 매산중학교와 매산여고가 나온다. 매산중학교 안에 있는 매산관은 순천의 대표적인 근대 교육시설이다. 매산중학교 담벼락은 여순사건의 비극이 얽혀 있는 곳이다. 근처에 이 비극을 설명하는 여순사건 안내판이 있으니 눈여겨보자. 매산여고 정문에서 조금만 들어가면 순천 최초의 서양식 근대 건축물인 프레스톤 선교사 주택이 나온다. 프레스톤 선교사는 수완이 좋아서 조지 와츠라는 독지가로부터 거액의 후원을 받아 매곡동에 선교사 마을을 세울 수 있었다. 그 밖에도 코잇 선교사 주택과 외국인 학교 건물이 있지만, 여기는 사유지라서 담벼락 너머로 구경만 해야 한다. 최근에는 우거진 나무를 정리해서 밖에서 잘 보일 수 있게 해주고 있는 편이다.

매산여고까지 올라간 김에 순천시 기독교 역사박물관도 방문해 보자. 박물관 특성상 부활절이나 크리스마스에 소소한 이벤트를 진행하고 있다. 친절한 해설사 선생님으로부터 이야기를 들어도 좋고, 혼자 느긋하게 구경을 해도 좋은 곳이

매산등 성지순례길 매산등 성지순례길은 20세기 초 미국 남장로교 선교사가 걸었던 길을 따라 순천의 근대사를 탐방하는 코스이다. 주제에 따라서 호남복음화의 길, 근대 교육의 길, 근대 문화의 길, 근대 의료의 길, 묵상의 길로 이루어져 있다.

다. 관람료가 무료니까 부담 없이 들어가 보자. 전시관에는 매곡동의 근대 건축물을 몇만 분의 일로 축소한 모형이 있으며, 박물관 꼭대기에는 기독교 토착화의 산물인 ㄱ자형 예배당을 재현한 공간이 있다. ㄱ자형 예배당이란 남녀칠세부동석의 시절에 만들어진 독특한 교회 구조이다.

이처럼 탐매마을은 홍매화의 아름다움과 근대 문화재의 멋스러움을 느낄 수 있는 곳이다. 조금만 더 관심을 가지면 여순사건의 역사와 민중의 생활사도 엿볼 수 있다. 지리적으로 탐매마을은 문화의 거리와도 가깝고, 인심 좋은 국밥 거리가 있는 웃장과도 인접한다. 이렇게 다채로운 역사와 문화가 한 동네에 어우러진 곳은 별로 없을 듯하다. 탐매란 매화가 핀 경치를 찾아다니는 '탐매(探梅)'뿐만 아니라 매화를 즐긴다는 '탐매(耽梅)'라는 중의적인 의미를 담고 있다. 순천의 역사 문화를 찾아 탐매마을에 온다면 여러 가지를 즐길 수 있을 것이다.

13

순천만 습지
버려진 땅에서 국내 최대 규모의 생태관광지로

'순천만'이라는 지명이 낯설던 시절이 있었다. 이를테면 100년 전 순천만은 그저 안개가 자욱한 포구와 갯벌에 지나지 않았다. 이때를 놓치지 않고 한몫을 챙기기 위해 바다를 건넌 일본인들은 순천만 일대의 갯벌을 개간하여 논두락으로 만들었다. 벌교에 근거지를 둔 가나야농장(金谷農場)과 나카시마 다츠사부로(中島辰三郎)를 들 수 있다. 순천만 일대의 농민들은 이들에게 소작료를 지불하는 대신 농사를 지었다. 폭풍우에 제방이 터져 농작물이 큰 피해를 입었을 때 일본인 지주들은 봐주는 법이 없었다. 순천만 일대의 농민들은 일본인 지주들의 횡포에 맞서고자 저항의 몸부림을 쳤다. 이렇게 순천만 일대에는 가혹한 수탈에 맞서 싸웠던 농민들의 한과 눈물이 서려 있었다.

해방 후 순천만은 각광을 받기도 했다. 1960년대 후반 순천만에서 새꼬막 자연 채묘의 성공으로 종패 생산이 가능해진 덕분이었다. 이를 계기로 순천만 일대는 꼬막 양식장으로 알려지기 시작했다. 지역 주민들의 살림살이가 펴진 건 두말할 필요가 없다. 1973년 1월 문화재관리국은 순천만에 나타난 겨울 철새 고니의 서식 현장을 둘러본 후 철저한 보호를 지시하기도 했다. 하지만 1970년대 후반부터 흘러들어온 각종 폐수에 순천만은 몸살을 앓아야 했다. 1990년대 초반에 이르면 순천만은 철저한 무관심 속에서 무분별하게 버려진 쓰레기로 가득한 땅이 되어 버렸다. 지금으로부터 불과 30년 전까지만 해도 순천만은 그저 버려진 땅으로 방치되어 있었을 뿐이다.

생명의 땅, 순천만 습지의 재발견

순천만이 다시 세상에 알려지기 시작한 건 지역사회가 무분별한 개발에 맞서는 과정에서 습지의 가치를 재발견하면서부터였다. 1990년대 중반 순천만 일대의 모래(골재)를 채취하려는 사업이 시행되려고 하자 일부 주민들과 시민단체들은 다양한 방식으로 생태 보존 운동을 풀어나갔다. 1996년 11월에 순천

순천만 보존운동 1996년에 순천의 시민단체들이 추진한 골재채취 반대운동은 순천만 생태 환경을 보존하는 데 중요한 변곡점이었다. 이를 계기로 순천만의 생태적 가치를 지키기 위한 각계의 노력이 모아졌다.

만의 생태계를 조사한 결과 흑두루미, 재두루미, 검은머리갈 매기 등 국제적으로 희귀한 철새들이 상당수 관찰되었다. 이 듬해에 이어진 조사에서는 검은머리물떼새, 저어새, 흑꼬리 도요 등이 발견되었다. 순천만의 생태적 가치는 언론을 통해 알려졌다. 이는 곧 순천만을 지키려는 생태 보전 운동에 힘을 실어주는 결과로 이어졌다.

10년이 걸렸다. 순천만 습지를 둘러싼 담론이 개발에서 보 전으로 방향 선회를 틀기까지는 약 10년의 기간이 걸렸다. 이 과정에서 1997년에 시작한 갈대 축제가 순천만 습지의 생태 적 가치를 알리는 데 크게 이바지했다. 이 축제는 처음에 소 박하게 치러졌으나 점차 지역의 중요한 축제로 자리 잡았다

(2021년에는 제22회를 맞이했다). 갈대 축제는 일반적으로 먹고 마시는 축제를 지양하고 자연환경을 소재로 한 생태문화행사를 선보였다는 점에서 큰 주목을 받았다. 당시로서는 보기 힘든 지역 축제였다.

연대의 힘은 강했다. 순천만 습지의 생태계를 조사하기 위한 국내외 전문가들의 방문이 끊이지 않았고 생태기행단의 발길이 이어졌다. 1998년 6월에는 전국 환경단체와 국제 습지단체가 순천만의 보전을 촉구했다. 그 결과 1998년 9월에 골재 채취 사업이 취소되는 일이 벌어졌다. 하지만 순천만 습지의 보전 방안을 놓고 이견과 갈등이 빚어졌다. 순천만 습지를 보존해야 한다는 대의명분에는 모두가 원론적으로 동의하는 분위기였으나 구체적인 방안에 대해서는 입장이 달랐던 것이다. 이를 해결하고자 행정과 지역 주민, 그리고 시민단체가 의견을 묻고 나눌 수 있는 창구인 순천만협의회가 구성되었다.

순천만 습지의 생태적 가치는 어마어마하다. 순천만 습지에는 다양한 염생식물과 저서생물들이 서식하고 있기 때문이다. 먼저 염생식물은 소금기 있는 물에 자라나는 식물을 일컫는다. 척박한 환경을 견뎌내는 강인한 생명력을 가진 식물이다. 가리맛조개, 농게, 칠게, 짱뚱어 등의 저서동물은 서식하는 굴을 만들어 땅속 깊숙이까지 산소를 전달해 갯벌을 썩지 않게 해준다. 저서동물은 갯벌을 청소해 주고 생태계의 다양성을 이루는 재주꾼인 셈이다. 지금 전 세계가 주목하고 있는 탄소중립과 관련해서도 순천만 습지의 역할은 막중하다. 순천만 습지의 갯벌은 숲보다 50배 빠르게 온실가스를 흡수하고 있어서 지구온난화를 막는 지구의 콩팥으로 비유할 수 있다.

이후의 행보도 중요했다. 순천만 습지 보호구역 지정(2003)과 람사르협약 가입(2006)은 순천만 보존을 위한 제도적 장치로서 중요한 토대를 이루었다. 특히 국내 연안 습지 최초로 람사르협약에 가입한 일은 1996년에 시작한 순천만 생태 보전 운동이 일단락되는 순간이었다. 이러한 일련의 과정을 통해 순천만을 향한 시선은 개발과 대립에서 보전과 협력이라는 화두로 전환될 수 있었다. 수많이 이들이 순천만을 지키고자 노력한 결과였다. 거기다 최근에는 순천시 전역이 유네스코 생물권보전지역으로 지정(2018)되었을 뿐만 아니라 서남해 일대의 갯벌들이 세계자연유산에 등재(2021)되는 경사가 이어졌다.

천학의 도시 순천

용산에서 들려오는 산새 소리와 갯벌에서 들려오는 물새 소리, 거기에 바람에 일렁이는 갈대 소리까지. 순천만 습지의 소리풍경은 새와 바람 소리로 가득하다. 이때 순천만 습지 상공에 철새들이 군무를 펼치더니 물길 속으로 빨려 들어가듯 사라진다. 순천만 습지는 계절의 변화와 함께 다채로운 철새들의 향연이 펼쳐지는 곳이다. 그중에서도 흑두루미는 순천만을 찾는 철새의 명물이다. 순천만 습지는 흑두루미가 우리나라에서 유일하게 겨울을 나는 월동지이기 때문이다. 지역 주민들은 강산이 바뀔 때마다 찾아온다고 흑두루미를 '강산두루미'로 불렀다고 한다. 2007년 10월 20일 순천시는 시조(市鳥)를 비둘기에서 흑두루미로 변경한 바가 있다.

그래서인지 순천만 주변에는 유독 새와 관련이 깊은 지명이 많다. 예를 들면 마을 앞산의 모습이 마치 학이 긴 목을 펴고 하늘을 향해 날아가려는 듯해서 붙여진 장학 마을(별량면 송학리)과 산세가 학이 휴식을 취하고 있는 모습과 닮았다는 학서 마을(별량면 학산리), 그리고 황새가 잘 날아 들어온다는 이유로 명명된 황새골 등을 들 수 있다. 지금까지의 조사 결과 순천만에서 관찰된 새는 총 250여 종에 달한다. 비매품이라서 아쉬운데 순천시가 발간한 『순천만의 새』(2020)는 매우 훌륭한 도감이다. 다행히 순천시가 e-book으로 제공하고 있으니 관심 있는 분들은 참고하길 바란다.

새는 도시를 바꾸었다. 매년 흑두루미가 순천만 습지 주변의 전선에 다리가 걸리거나 날개가 다치는 사고가 종종 발생하자 순천시는 미리 방지하기 위해 농경지에 있는 전봇대를 제거하였다. 즉, 2009년에 순천만 주변의 농경지에 있는 282개 전봇대를 전부 없애버린 것이다. 무려 95헥타르에 달하는 넓이였다. 이 일은 생태계 보전을 위해 도시의 경관을 바꿔버린 사례로서 주목받았다. 공존을 위한 노력은 계속해서 이어져서 순천만 습지의 농경지에 철새들이 안전하게 먹이활동을 할 수 있는 조치가 취해졌다. 그래서 매년 11월 초부터 다음 해 3월까지는 주요 농경지 입구에 갈대 울타리를 설치한다. 겨울에만 볼 수 있는 순천만 습지의 풍경이다. 또한 순천시는 흑두루미를 보호하기 위해 2월 28일을 '순천만 흑두루미의 날'로 정해 매년 기념행사를 개최하고 있다.

1990년대 후반만 해도 순천만 습지를 찾아온 흑두루미는 70여 마리에 불과했다. 그러다 2008년에 300여 마리에 불과한 흑두루미가 2014년에 1,000마리로 증가했다. 겨울 철새들에게 먹이를 나눠주고 서식지를 복원한 결과였다. 이후에도 흑두루미의 방문은 증가 추세를 보였다. 2020년에는 2,700여 마리에 이르더니 2021년에는 3,700여 마리가 순천만 습지를 찾아왔다. 이런 추세라면 머지않아 순천은 천학(千鶴)이 아니

흑두루미 순천의 시조(市鳥)이기도 한 흑두루미는 매년 10월에 찾아와 약 6개월간 월동을 하고, 이듬해 3월에 떠나는 겨울 철새다. 순천만 습지에 있는 탐조대는 흑두루미를 관찰할 수 있는 최고의 장소 중 하나이다. 순천시는 흑두루미를 보호하고 순천만 습지 보존을 위해 매년 2월 28일을 흑두루미의 날로 정하고 기념하고 있다.

라 만학(萬鶴)의 도시로 거듭날지도 모르겠다. 순천시가 운영하는 탐조 프로그램에 참여해서 순천만 습지를 방문한 철새들을 관찰하는 것도 좋은 경험이 될 듯하다.

갈대숲을 거닐다

순천만 습지가 품고 있는 생명력을 경험하려면 2km 남짓한 갈대밭 데크 길을 걸을 필요가 있다. 무진교에서 용산까지 이어진 데크 길을 걷다 보면 광활하게 펼쳐진 갈대밭에 압도될 수밖에 없다. 특히 처음 방문한 분들은 무진교를 막 넘어서자

마자 펼쳐진 갈대 장관에 넋을 놓는 경우가 많다. 덤으로 갈대
밭 사이를 걷다 보면 순천만에 서식하는 다양한 생물들을 관
찰할 수 있다. 숨소리를 죽이고 움직이지 않고 있으면 갈대 사
이로 서성이는 게들을 구경할 수 있다. 단, 생태계 보호를 위
해 눈으로만 구경하자. 자연 보호를 위한 적당한 거리두기는
순천만 습지 여행자에게 필요한 덕목이다.

갈대밭으로 들어가기 전, 순천만으로 흘러드는 강물과 갈
대밭 사이에 있는 둑길을 따라가 보는 것도 좋다. 갈대밭 쉼터
에서 순천문학관을 오가는 갈대 열차를 타면 순천만의 드넓
은 들녘과 풍경을 시원하게 조망할 수 있다. 갈대 열차에 내
린다면 선택의 기로에 선다. 순천만 국가정원으로 갈 수 있는
스카이큐브를 탈 것인지 아니면 순천문학관을 방문할지를 말
이다. 순천문학관은 「무진기행」(1964)과 「서울 1964년 겨울」
(1965) 등의 작품으로 문단에 감수성의 혁명을 일으킨 김승옥
과 『오세암』(1984) 등의 동화작품으로 유명한 정채봉을 기리고
이들의 문학 세계를 소개하고 있는 공간이다. 순천문학관 앞
에 있는 목교를 건너면 억새, 모새달, 갈대, 갯가 도요새 등을
관찰할 수 있는 비밀의 숲인 동천 하구 숲길이 펼쳐진다.

순천만 습지 여행의 백미는 뭐니 뭐니 해도 탐사선을 타고
갯벌의 깊숙한 곳까지 들어가 보는 일이다. 이 배를 타면 밖으

로 드러나지 않은 순천만의 진가를 알 수 있다. 무엇보다 S자 물길을 따라 이어지는 울창한 갈대밭 사이를 헤치고 나가서 드넓은 갯벌과 다양한 철새를 가까이에서 볼 수 있다. 다만 물때에 따라 탐사선의 운행 여부가 결정되므로 미리 확인해 보는 것이 좋다.

갈대밭 산책로의 끝에 있는 용산에는 순천만을 한눈에 굽어볼 수 있는 전망대가 있다. 그런데 맹목적으로 용산을 오르지는 말자. 조금만 여유를 두고 주위를 잘 살펴보면 용산 솔숲에서 곤줄박이, 동박새, 딱새, 노랑턱멧새, 방울새 등 다양한 산새들을 사계절에 따라 다양하게 만날 수 있으니까. 어쨌든 용산 전망대에 서면 S자 물길과 오랜 시간 둥글둥글 다듬어진 원형 갈대 군락을 한눈에 담을 수 있다. 일몰 시각에 맞추어 도착하면 갈대 군락과 갯벌 너머로 뉘엿뉘엿 넘어가는 해를 감상할 수 있다. 아니면 새벽 일출 전에 용산 전망대로 올라가 보자. 갯벌에 어둠이 걷힐 즈음에 먹이를 먹으러 이동하는 흑두루미의 군무를 관찰할 수 있다.

이처럼 순천만 습지의 매력은 다양성에서 찾을 수 있다. 강 하구와 갈대밭, 그리고 갯벌 등 다양한 해양경관을 한 곳에서 만나고 한 눈에 담을 수 있는 장소는 흔치 않다. 갯벌에 사는 다양한 생물들도 마찬가지다. 순천만 습지를 보전하기 위

순천만 갈대밭 동천 하구인 순천만 습지는 국내 최대의 갈대 군락지이다. 갈대밭 사이로는 짱뚱어, 방게, 농게, 칠게 등이 갯벌 위에 뚫린 구멍을 통해 들락날락거린다.

한 노력은 생태계의 다양성을 지키려는 데서 기인한다. 그런데 순천만 습지의 가치가 알려질수록 역설적인 문제가 발생하고 있다. 이제는 순천만 습지를 방문하는 '넘치는 관광객'을 조절해야 하는 난관에 부딪혔다. 지속가능성을 담보한 생태관광을 만들기 위해서는 행정과 지역 주민이 끊임없이 고민하고 실천하는 과정이 필요하다. 순천만 습지를 찾아가는 여행자들은 생태 관광에 필요한 유의 사항을 숙지하고 이를 지키고자 노력해 주길 바란다.

용산 전망대 순천만 습지의 피날레는 용산전망대에 올라가 S자로 휘어진 갯골 수로를 눈에 담는 것이다. 일몰을 볼 수 있는 시간대에 오르면, 저녁노을이 끝없이 펼쳐진 갈대밭을 붉게 물들이는 광경을 볼 수 있다.

14

순천만 국가정원
정원 도시의 탄생을 알리다

종종 아내와 나는 순천만 국가정원을 찾아간다. 가급적 사람들이 몰려드는 시간대와 요일을 피해서 가면 한가롭게 쉴 수 있다. 군데군데 설치되어 있는 그늘 쉼터의 벤치에 앉아 책을 읽거나 낮잠을 청해본다. 마음이 동하면 메타세쿼이아길 안쪽에 조성된 계절 꽃밭을 찾아가 보기도 한다. 봄에는 유채꽃, 여름에는 해바라기와 메밀꽃, 가을에는 핑크뮬리와 코스모스가 만발하는 곳이다. 근처에는 형형색색의 튤립이 피는 네덜란드 정원도 있다. 풍차와 튤립을 배경으로 한 채 사진을 찍어보며 즐거운 시간을 가져보자.

도시의 팽창을 막는 완충공간

2013년 4월 20일부터 10월 20일까지 184일간 치러진 순천만 국제정원박람회 주제는 '지구의 정원, 순천만'이었다. 이때 세계 23개 나라에서 온 작가와 기업 등이 참여하여 83개의 다양한 정원을 조성했다. 순천만 국제정원박람회는 중소도시가 세계적 수준의 생태이념을 구현했다는 점에서 고무적인 행사였다. 이후 국제정원박람회의 행사장은 새롭게 단장하여 '순천만 정원'이라는 이름으로 선보였다. 그리고 2015년 9월 5일에 순천만 정원은 '순천만 국가정원'이라는 이름으로 대한민국이 공인한 최초의 국가정원으로 거듭났다. 이러한 과정을 거치면서 순천은 정원 도시라는 정체성을 갖게 되었다.

순천만 국가정원은 순천만 습지의 훼손을 방지하기 위한 완충공간으로 만들어졌다. 이른바 에코 벨트다. 순천만 국가정원과 습지의 거리는 불과 5km. 그런데 2000년대에 들어서면서 순천만 습지를 방문하는 탐방객의 수가 급증하자 자동차 매연, 소음, 환경 파괴 등의 문제가 발생했다. 순천만 습지의 훼손을 우려하는 목소리가 높아져 갔다. 순천만 습지를 보전하고 도시의 무분별한 성장을 억제하기 위한 조치가 필요해졌다. 이를 위해서 전이공간(시가지)과 절대보전 공간(순천만습지) 사이에 완충공간인 국가정원을 조성하였다. 이는 순천만 국가정원이 존재 자체만으로도 지역에 긍정적인 효과를 가져다주고 있다는 것을 의미한다.

순천만과 도시가 각각 자연과 문화에 조응한 것이라면, 정원은 양자의 성격을 모두 가졌다. 그런 점에서 순천만 국가정원은 일종의 하이브리드 공간이라고 할 수 있다. 일차적으로 순천만 국가정원은 정원이라는 테마를 중심으로 만들어진 테마파크에 가깝다. 현재 우리나라에 무수히 많은 테마파크가 있지만 순천만 국가정원과 같이 상업성보다 공공성과 이념성에 중점을 둔 테마파크는 없다. 그 이유는 순천만 국가정원이 테마파크이면서도 생태라는 가치를 정원과 연계한 생태공간이기 때문이다. 즉, 순천만 국가정원은 테마파크와 생태공간이 공존하는 특성을 지녔다.

이러한 특성은 다른 박람회가 행사 후 활용 방안을 찾지 못해 지역의 골칫거리로 남은 경우와 상반된다. 기존의 박람회가 건축물 위주로 조성된 것과 달리 순천만 국가정원은 동천을 그대로 흐르게 놔두고 나무와 꽃을 심는 등 자연이 스스로 만들어 가는 질서에 따라가도록 했다. 이 과정에서 베어질 위기에 처해있는 나무가 가까스로 살아남아 정원으로 옮겨졌다. 두 번이나 벼락을 맞고도 멀쩡한 나무 등 저마다 사연이 있는 나무들이 정원박람회의 구석구석을 채워 나갔다. 덕분

순천만 국가정원 순천만 국가정원은 도시 팽창을 차단하는 완충지대로서 자연과 도시의 공생을 위해 만들어진 하나의 거대한 정원이다.

에 순천만 국가정원은 날이 갈수록 아름다운 풍경을 뽐낼 수 있었다. 실제로 아내와 나는 빈약한 느낌의 순천만 국가정원이 점차 풍성해진다는 걸 체감하고 있다.

순천만 국가정원의 공간구성

순천만 국가정원은 도시를 가로지르며 순천만으로 빠져나가는 동천을 사이에 두고 크게 서문 구역과 동문 구역으로 나뉘어 있다. 먼저 서문으로 들어서면 다양한 나무들을 만날 수 있는 나무도감원과 순천만의 생태를 엿볼 수 있는 습지센터를 만날 수 있다. 습지센터 근처에는 자그마한 동물원과 물새놀이터가 있다. 서문과 동문을 이어주는 스페이스 브릿지를 건너면 호수정원과 세계 정원으로 이루어진 동문 구역으로 이어진다. 순천만 정원의 대표 경관인 호수정원은 둥근 언덕이 호수를 감싸고 있는 형태를 취하고 있다. 호수 중심에 있는 언덕은 순천의 봉화산을, 호수는 도심을, 호수를 가로지르는 다리는 동천을 의미한다. 다른 언덕들도 난봉산, 인제산, 해룡산, 앵무산 등 순천을 둘러싼 산에서 명칭을 가져왔다.

이 중에서 가장 기본적인 콘텐츠는 여러 나라의 정원을 모티브로 한 세계 정원일 것이다. 순천만 국가정원에 조성된 세계 정원은 각 나라의 상징 경관을 가장 알기 쉬운 방식으로 재

호수정원 호수정원은 순천만 국가정원을 상징하는 공간이다. 정원 디자이너 찰스 젱크스 (Charles Jencks, 1939~2019)가 디자인했다. 순천의 지형과 물의 흐름을 살린 디자인으로 순천만 국가정원의 중심부에 위치하고 있다. 각각의 언덕에 올라가 바라보는 경관은 순천만 국가정원을 즐기는 하나의 방법이다.

현하고 있어서 둘러보는 이들에게 하나의 세계지도를 방불케 한다. 다만 아쉬운 점은 세계 정원이 각 나라 정원의 한 부분 만 가져다 놓거나 규모를 축소해 놓아서 관람객들의 성에 차 지 않는 경우가 많다는 것이다. 순천만 국가정원의 자체적인 규모는 매우 크지만, 그 안에 구현된 각 나라의 정원들은 너무 작다. 아마도 이 부분이 순천만 국가정원을 관람한 사람들이 느끼는 아쉬운 부분이지 않을까 싶다.

공간구성의 또 다른 요소는 이상적 공간이다. 순천만 정원 을 북쪽에서 바라보았을 때 왼쪽에는 여러 나라의 정원들이 펼쳐져 있고, 오른쪽에는 한국정원이 야트막한 산 중턱에 자리 잡고 있다. 그 아래쪽으로는 WTW 습지라는 제법 큰 호수가 있다. 이러한 공간구성은 배산임수라는 전형적인 풍수를 떠오르게 한다. 설계자가 의도했는지 알 수 없으나 순천만 국가정원의 공간구성은 풍수에 기반을 둔 배치로 이루어져 있다. 또한 순천만 정원의 안을 채우고 있는 식물들은 희귀한 꽃들인 경우가 많다. 이는 조선 시대의 조경문화인 기화이초(奇花異草)를 현대식으로 적용한 것이다. 이런 점에서 순천만 정원은 이상적인 공간을 만들기 위해 무엇을 채워 넣을 것인가를 고민한 옛 선조의 사유와 맞닿아 있다.

정원이 되어 버린 마을

입지 조건상 순천만 국가정원은 동천이 횡류하며 평탄하게 만든 넓은 들판에 조성되어 있다. 이 들판에는 순천만 국가정원이 만들어지는 과정에서 사라져 버린 마을들이 있다. 바로 평촌마을과 신산마을이다. 평촌마을은 현재 네덜란드 정원에서부터 꿈의 다리가 있는 곳까지 걸쳐 있었다. 이 마을은 지리적으로 동천 하류에 인접해서 수해 피해를 자주 겪었다. 1962년 8·28 수해 때는 마을 전체가 큰 피해를 보기도 했다. 이때 수해복구 주택단지인 C지구의 형성과 함께 마을의 이주가 시작되었다. 대략 마을의 절반 정도가 C지구로 이주했다고 한다. 그 후로도 잦은 침수 피해가 일어나자, 마을 주민들은 다른 곳으로 이주해 버렸다. 순천만 국가정원을 조성할 당시에는 축사 8곳과 살림집 한 채만이 남아있었다. 현재 독일 정원 뒤편에는 평촌마을의 주민들이 사라진 마을을 그리워하는 마음을 담아 세운 망향비가 있다.

다른 한편 신산마을은 서문 구역의 습지센터 구역에 있었다. 신산마을은 인근 오산마을 사람들의 자녀들이 하나둘 새로운 살림을 차리면서 형성한 마을이다. 자녀가 살림을 따로 차려서 나가는 걸 '따로내다'라고 한다. 전라도 말로는 '저금

하풍(평촌)마을 옛터 표지석 순천만 국가정원의 서문에는 신산마을, 동문에는 하풍(평촌)마을이 있었다. 이 망향비를 볼 때마다 우리가 누리고 사는 것들에는 누군가의 희생이 있었음을 되새겨볼 필요가 있다.

내다'라고 표현한다. 장남은 주로 부모와 함께 살고 작은아들이 신산마을에 집을 지은 탓에 신산마을은 오산마을의 작은집이나 마찬가지였다. 그렇게 해서 신산마을 사람들은 30여 가구가 사는 소박한 마을을 이루며 살아갔다. 문제는 신산마을도 동천 변에 위치해 있다 보니 잦은 수해를 입어야 했다는 점이다. 1989년 하천 제방이 붕괴하는 바람에 큰 침수가 일어나자, 주민들은 다른 마을로 집단이주를 가버렸다. 이후에는 마을에 교회, 공장, 목재소 등이 들어섰다가 순천만 국가정원의 조성과 함께 영영 사라져 버렸다.

　신산마을은 포전(浦田)으로 유명했다. 포전이란 강물이 드나드는 곳의 물가에 있는 밭을 의미한다. 신산마을의 포전은 퇴적토가 풍부하여 양질의 채소를 키울 수 있었다. 어찌나 땅이 비옥하던지 1년에 3번의 수확물을 거두었다고 한다. 봄에는 상추와 열무, 여름에는 오이와 가지, 가을에는 김장배추 등을 아랫장과 역전시장에 내놓아 좋은 값에 팔았다. 덕분에 신산마을 주민들은 사계절 내내 채소를 키워 돈을 벌 수 있었다. 당시 신산마을의 채소밭을 기재포전이라고 불렀다. 기재는 신산마을의 옛 지명이다. 지금도 아랫장이나 역전시장의 상인 중에서는 기재포전을 기억하는 분이 상당하다.

정원의 도시를 이루다

주목할 점은 순천만 정원이 만들어지는 과정에서 도심 속 정원이 조성되었다는 사실이다. 순천시는 2012년부터 도심 곳곳에 자투리땅을 찾아내서 '한 평 정원'을 만드는 사업을 추진했다. 이 사업은 우리의 일상 가까이에서 정원을 가꾸는 문화를 만들어냄으로써 생태문화를 도심에서도 느끼게 하기 위해서였다. 이를 계기로 도시 곳곳에 방치된 땅이 녹색 정원으로 바뀌기 시작했다. 한 평 정원은 순천만 정원을 확장해 도시 전체를 하나의 생태 미학적 정원으로 만들어가기 위한 노력의 하나로 이해할 필요가 있다.

대표적인 한 평 정원으로는 교통섬 정원을 들 수 있다. 교통섬이란 보행자를 보호하거나 차량의 동선을 명확하게 제시하기 위해서 차선 사이에 설정한 구역을 가리킨다. 교통섬 정원은 빠르게 지나가는 차량 운전자들에게 도심 속 정원을 보여주기 위해서 조성되었다. 그 밖에도 도로변과 소공원 등 도심 속에 방치된 크고 작은 공터들이 다양한 한 평 정원으로 만들어졌다. 특히 버려진 땅, 그래서 쓰레기 불법 투기 장소로 방치된 공터가 정원으로 거듭났다. 2017년부터는 민간의 아름다운 정원을 선정해 개방 정원을 실시하였다. 그 결과 2021년까지 37개의 개방 정원이 만들어졌다. 순천시는 개방 정원을 탐방하는 열린 정원 여행 프로그램을 수시로 운영 중이다.

순천만 국가정원은 도시의 정체성을 바꾸는 데 큰 영향을 미쳤다. 그런데 순천시는 '대한민국 생태 수도'라는 슬로건을 내걸면서도 이 슬로건을 어색하게 만드는 경우가 없는지 반문해 볼 필요가 있다. 물론 순천시는 공원녹지를 확대하거나 야생동물 보호에 심혈을 기울이는 등 다각적인 노력을 기울이고 있다. 그렇지만 순천만을 제외하면 생태도시라고 할 수 있는지 정책적인 차원에서 고민할 필요가 있다.

또한 시민 한 사람 한 사람의 삶이 생태적 가치를 실천하는 방식으로 변화되고 있는지를 물어봐야 한다. 삶의 방식이 근본적으로 변화되지 않은 채 외치는 생태적 삶이란 그저 캐치프레이즈에 지나지 않으니까. 순천을 정원 도시와 생태도시를 만들어가려는 자발적인 모임이 늘어나고 지속 가능한 활동이 펼쳐져야 한다. 도시 전체가 생태도시로 탈바꿈하려면 전문가 집단이나 특정 집단의 노력만으로는 결코 이루어질 수 없다.

15

그림책 도서관과 기적의 도서관
도서관의 도시를 꿈꾸다

내 어린 시절의 도서관은 아무리 가까워도 버스를 타고 30분 이상이 걸리는 곳에 있었다. 50만 인구를 자랑하는 큰 도시에서 어린 시절을 보냈음에도 불구하고 도서관에 대한 추억은 그다지 없다. 그렇다고 내가 책을 좋아하지 않는 아이가 아니었는데도 말이다. 적어도 나에게 도서관은 늘 멀리 존재하던 미지의 장소였다. 그런데 순천에 와서 놀란 것은 도서관 분포의 밀도였다. 동네마다 도서관이 존재하는 도시가 있다니. 순천에 살기 시작했을 때 갈데없는 나를 받아준 곳은 동네 도서관이었다. 10여 년 전 삶의 터전을 바꾼 나에게 순천은 도서관의 도시 그 자체였다.

순천에 도서관은 언제부터 생겼을까

순천의 도서관 역사는 생각보다 오래된 편이다. 무려 '1911년'에 사립도서관이 순천의 원도심에 세워졌으니까 말이다(그다음은 1912년에 설립된 목포문고였다). 이 사실은 조선총독부가 작성한 통계자료에서 찾을 수 있었다. 다만 조선총독부의 통계자료는 일본인들이 설립하고 운영하는 도서관만을 대상으로 삼았다는 점에서 유의할 필요가 있다. 그렇다 치더라도 순천의 도서관 역사는 꽤 이른 시기에 시작했음을 알 수 있다.

지속적인 측면에서도 순천의 사립도서관은 흥미롭다. 1930년대 통계자료를 살펴보니까 목포문고는 사라져 버렸고 1928년에 목포도서관이 들어섰다. 그 사이에 전남에서는 영암(1915), 광주(1920), 담양(1924), 곡성(1925)에 각각 도서관이 세워졌다. 하지만 순천의 사립도서관은 1930년대 중반의 통계자료에도 등장한다. 이 도서관이 정확히 언제 사라졌는지는 알 수 없으나 최소한 20년 이상 문을 열었다는 점은 분명하다. 이쯤이면 누가 순천에서 사립도서관을 만들었는지 궁금해진다. 몇 가지 자료들을 찾아보니까 도서관의 설립자는 순천군 서기로 근무한 히구치 마사타케(樋口正毅)였다. 아마도 그는 강제 병합 이후 순천으로 부임하면서 일본인들을 위한 도서관을 세웠던 것 같다.

1920년대 초반 순천의 농민들은 지주의 횡포에 맞서 연대를 도모했다. 이 과정에서 순천의 농민들은 지역 청년들에게 더 많은 독서의 기회를 제공하고자 자체적으로 도서관을 하나 만들었다. 바로 1925년 10월경에 설립된 민중도서관이었다. 당시 신문 기사는 민중도서관이 약 칠백 권에서 천 권 정도의 책을 비치했다고 보도했다. 아쉽게도 민중도서관에 대한 소식은 1928년 10월에 여수의 김정평이 결혼 기념으로 개조사가 발간한 책을 민중도서관에 기증했다는 기사를 끝으로 더 이상 나오지 않는다. 이 사실은 적어도 1920년대 중반부터 1930년대 초중반까지 순천 원도심에 일본인 도서관과 조선인 도서관이 공존했음을 의미한다.

그림책 놀이터로 변신한 도서관

이렇듯 순천은 1911년과 1925년에 각각 일본인 도서관과 조선인 도서관이 세워진 역사가 있다. 하지만 해방 이후 분단과 전쟁을 거치면서 순천에는 지역민들을 위한 도서관이 만들어지지 못했다. 순천에 시립도서관이 건립된 건 1968년 5월이었다. 1949년에 순천읍이 순천시로 승격된 지 20여 년 만에 이루어진 일이었다. 처음에 시립도서관은 시내 한복판에 있어서 접근성이 좋았지만, 문제도 많았던 모양이다. 그래서

순천시립도서관의 변천 과정 1968년 5월 10일은 순천 최초의 시립도서관이 문을 연 날이다. 시립도서관은 국제원조기구인 CARE를 통해 아동도서를 기증받는 등 지역의 독서문화를 일구는 일에 앞장섰다.

1980년에 현재 위치인 동외동 웃장 근처로 이전했다. 이 과정에서 잡화상으로 돈을 번 조만복 선생님이 도서관에 부지를 기증했다. 그림책 도서관의 앞마당에 조만복 송덕비가 세워진 이유다.

　이후 시립도서관은 40여 년 동안 순천의 독서문화를 이끌었다. 1992년부터는 도시의 확장에 맞춰서 이동도서관을 운영하기 시작했다. 즉, 신도심과 외곽지역의 주민들을 위한 독서 서비스를 제공한 것이다. 시립도서관은 2007년에 중앙도서관으로 명칭을 변경한 후 2014년에 그림책 도서관으로 새롭게 단장했다. 그림책 도서관에는 그림책을 소재로 인형극을 펼치는 그림책 극장과 그림책 작가들의 원화를 감상할 수 있는 전시실이 마련되어 있다. 국내외 다양한 그림책을 읽을 수 있는 건 당연지사. 그래서 가끔 아이가 있는 지인이 놀러 올 때면 무조건 그림책 도서관을 추천하거나 안내한다. 이곳이라면 마음껏 아이들과 함께 그림책을 읽으며 놀 수 있으니까. 사전에 공지 사항을 확인해서 어떤 프로그램들이 있는지 알고 간다면 더욱 알차게 놀 수 있을 것이다. 다만 그림책 도서관은 유료 시설이라는 점을 명심하자.

그림책 도서관 순천시립도서관은 1980년 7월에 '동외동 시대'를 열었고, 2014년에 '그림책 도서관'으로 재탄생하였다. 그림책 도서관은 전 세대가 그림책을 즐기는 문화를 만들어 가고 있다.

아마도 『우리가 글을 몰랐지 인생을 몰랐나』는 그림책 도서관의 가장 큰 성과일 것이다. 2019년에 출간된 이 책은 평생 까막눈으로 살아가던 할머니들이 그림책 도서관에서 진행한 수업을 통해 배운 한글과 그림을 담고 있다. 이분들의 그림일기는 SNS와 여러 매체를 통해 널리 알려지면서 큰 화제를 모았다. 멋진 그림과 글로 자신의 인생을 풀어낸 이분들의 이야기를 읽고 있노라면 가슴이 뭉클거리기도 하고 마음이 따뜻해진다. 할머니들의 슬프고도 아름다운 인생 이야기에 많은 독자들이 공감하며 울고 웃었다. 아마도 이분들의 그림일기에는 진솔함이 있었기에 그 자체로 감동이 묻어나온 건 아니었을까.

기적의 도서관, 도시를 변화시키다

그림책 도서관은 순천 기적의 도서관이 있었기에 가능했다. 발단은 2001년 11월에 시작된 문화방송(MBC)의 프로그램 〈느낌표〉였다. 프로그램의 한 코너인 '책책책 책을 읽읍시다'는 독서를 예능 엔터테인먼트와 결합하는 신선한 시도로 큰 반향을 불러일으켰다. 〈느낌표〉가 소개한 책들은 수만 부에서 수십만 부가 팔리는 베스트셀러가 될 정도였다. 그리고 〈느낌표〉는 방송에 선정된 책의 판매수익금을 모아 어린이 도

기적의 도서관 기적의 도서관은 도서관의 공간 성격을 크게 바꾸었다. 기존의 도서관 건물이 낡은 시멘트 상자와 같은 겉모습에 일정한 크기의 책장을 늘어놓고 책상을 갖다 놓았다면, 기적의 도서관은 내부 구조와 구성을 다채롭게 만들었기 때문이다. 그 결과 기적의 도서관은 물리적 형태와 구성으로 시민들의 관심을 받는 문화시설로 성공할 수 있었다.

서관을 만드는 프로젝트를 세웠다. 공모 과정에서 40여 개의 지자체가 경쟁을 벌였는데, 27만 인구 중 10만 명의 서명을 모은 순천시가 당당하게 1호로 뽑혔다. 그렇게 해서 2003년 11월 10일에 제1호 기적의 도서관이 문을 열었다.

　기적의 도서관은 새로운 패러다임의 도서관을 선보였다. 기존의 도서관이 독서실에 가까웠다면 기적의 도서관은 마음에 드는 책을 마음껏 볼 수 있는 놀이터이자 쉼터였기 때문이다. 오히려 기적의 도서관은 아이가 울거나 시끄럽게 굴까 봐 도서관 출입이 어려웠던 이들을 환영하는 곳이다. 이후 기적의 도서관은 어린이를 위한 다양한 독서 프로그램을 열었다. 무엇보다 도서관에서 하룻밤을 자는 독서 캠프는 순천 기적의 도서관이 전국적으로 히트시킨 프로그램이라고 할 수 있다. 계기는 우연하게 찾아왔다. 정식 개관 전 동네 아이들은 기적의 도서관을 이용할 수 있었던 모양이다. 직원들이 퇴근하려고 해도 아이들은 돌아갈 생각을 하지 않았다. 그러면서 사건이 벌어졌다.

> "선생님들처럼 저희도 그냥 도서관에 있을래요. 뭐 더 할 거 없어요?"
> "안 돼. 선생님들은 밤을 새워야 해. 부모님들이 걱정하시니까 얼른 집에 가자."
> "우리도 도서관에서 밤을 새우고 싶어요."
> "저도, 저도요."
> (『순천 기적의도서관 10년의 이야기』, 200쪽)

결국 이때의 대화는 도서관에서 하룻밤 자기 프로그램으로 이어졌다. 사서 선생님들은 개관 후 도서관에서 실컷 밤을 새우게 해줄게라는 약속을 지킨 것이다. 손가락을 걸고 한 약속에 아이들은 환호했다. 개관 후 첫 겨울방학 프로그램으로 도서관에서 하룻밤 자기가 진행된 배경이다. 커다란 양푼에 고추장과 참기름을 쳐서 만든 비빔밥을 먹으며 책 속의 보물을 찾고 밤새 친구들과 함께 수다를 떨며 책을 읽는 기분은 어땠을까. 정해진 규칙에서 살짝 벗어나는 해방감, 별거 아닌 일도 특별하게 만들어버리는 친구들과의 교감, 왠지 훌쩍 큰 것 같은 으쓱함. 이런 기분과 경험들이 아이들을 성장하게 만드는 것이라고 할 수 있겠다.

그래서일까. 기적의 도서관은 젖병을 빨며 도서관을 오던 아이가 초등학생이 되어 친구들 손을 잡고 찾아오고, 도서관에서 놀던 아이들이 대학생이 되어 봉사활동을 하고, 이제 누군가의 부모가 되어 자신의 아이들을 데리고 오는 풍경을 심심치 않게 볼 수 있는 곳이 되어 버렸다. 휴식이 필요한 사람에게는 쉼터가, 벗이 필요한 사람에게는 친구가 되어 주는 기적적인 장소인 만큼 자신이 사랑하는 사람을 데리고 오게 만드는 건 아닌지 모르겠다.

마을 곳곳의 작은 도서관들

기적의 도서관이 이룬 성공은 순천시의 도서관 정책에 큰 영향을 미쳤다. 기적의 도서관이 만들어졌을 때만 해도 '작은 도서관'이나 '마을 도서관'이라는 말이 생소하던 시절이었다.

2004년부터 순천시는 도서관 도시를 표방하며 작은 도서관을 하나둘 조성하기 시작했다. 마을마다 5~10분 거리에 도서관이 있는 도시라니. 2004년 5월에 문을 연 신성 풀꽃도서관을 필두로 2021년 9월까지 91개의 작은 도서관이 만들어졌다. 2022년에는 3개의 작은 도서관이 더해질 예정이라고 하니 계속해서 확장 중이라는 걸 알 수 있다.

작은 도서관은 단순히 크기와 시설 규모가 작다는 의미만을 가지고 있지 않다. 그보다는 지역사회에 커뮤니티를 형성하고 지식의 평등화를 실현하자는 도서관의 기본 이념을 반영한 용어라고 할 수 있다. 인구 밀집 지역인 아파트단지에 조성된 작은 도서관이 전자에 해당한다면, 농촌 마을에 만들어진 작은 도서관은 후자에 가깝다. 그래서 입지 조건의 특성에 따라 중점을 두는 프로그램이 달라지기도 한다. 이를테면 아파트단지의 작은 도서관은 아이들을 위한 프로그램이 많을 수밖에 없고, 농촌 마을의 작은 도서관은 동네 어르신들을 위해 문해교실과 한지공예 등을 운영한다. 기계적으로 나눌 수 있는 건 아니지만 대체적인 경향이 그렇다.

물론 작은 도서관은 운영 주체에 따라서 활동 양상의 차이가 난다. 어느 작은 도서관은 미술학원인지 음악 교실인지 도서관인지 아리송해질 때가 있다. 때로는 아파트단지의 작은 도서관을 통해 주민 간 마음의 벽이 헐리기도 한다. 이러한 차이는 작은 도서관이 다양함과 자발성이라는 두 축으로 운영되기 때문이다. 그러나 여러 가지 차이가 있음에도 불구하고 작은 도서관은 이웃과 더불어 사는 문화 공동체를 구현한다는 공통점을 지녔다. 언젠가 내 아이도 순천의 도서관을 누비며 꿈을 꾸는 나날이 오지 않을까.

16

기적의 놀이터
스스로 몸을 돌보며 마음껏 뛰어놀자

놀이터는 아이들이 도전과 위험을 즐기며 마음껏 뛰어노는 아이들의 땅이다. 이들에게는 신나게 놀 권리와 다칠 권리가 있다. 그런데 놀이터 대부분은 전형적이고 획일적이다. 그네와 시소, 그리고 복합미끄럼틀로 이루어진 3종 세트가 전부인 경우가 많다. 놀이터는 아이들에게 도전과 모험의 장소이어야 하는데, 안전만 강조하다 보니 재미없고 지루한 놀이터만 늘어난 것이다. 그래서 아이들은 기존 놀이터에서 미끄럼틀을 거꾸로 타는 등 위험한 행동을 하다가 다치는 경우가 생긴다. 호기심을 유발하지 않는 놀이터는 오히려 아이들의 안전을 위협한다. 호기심 유발이 안 되니 딴짓하다가 다치는 경우가 생기기 때문이다.

　그런 점에서 기적의 놀이터는 놀이터에 대한 인식과 문화를 바꾸는 데 큰 반향을 일으켰다. 기적의 놀이터는 틀에 박힌 시설물 위주의 놀이터에 문제의식을 느껴 등장한 새로운 놀이문화다. 2016년 5월부터 조성되기 시작한 기적의 놀이터는 1호를 시작으로 해서 10호까지 만들어질 예정이다. 현재는 7호 놀이터까지 조성되었다. 사실 기존 놀이터에 익숙한 어른들이 보기에 기적의 놀이터는 휑한 곳일 수 있다. 특히나 일종의 놀이공원을 상상했다면 말이다. 이는 기적의 놀이터에 기구가 많지 않기 때문이다. 그런데 감시자가 아니라 파트너의 측면에서 보면 기적의 놀이터가 가진 다채로운 매력을 경험할 수 있다.

아이들은 즐겁다

기존의 놀이터가 시설물들을 공간에 나열하는 데 그쳤다면, 기적의 놀이터는 자연 지형을 최대한 활용하여 다양한 놀이를 즐기게끔 한다. 먼저 엉뚱발뚱(1호)은 모래, 바위, 언덕 등을 그대로 살려서 아이들이 마음껏 뛰어놀 수 있게 한 기적의 놀이터다. 그 흔한 그네와 시소가 없는 대신에 넓은 모래밭과 흔들다리, 그리고 언덕 안으로 길게 심어진 미끄럼틀이 있다.

작전을 시작하지(2호)는 에펠탑 모양의 그물망인 스페이스 네트를 설치하여 아이들의 모험 정신과 도전 정신을 기를 수 있도록 했다. 이곳은 아이들만의 작전으로 창조적인 놀이가 가능한 공간이다. 수변공원에 있는 시가모노(3호)의 이름은 특이하다. 그 의미는 바로 '시간 가는 줄 모르고 노는 놀이터'의 줄임말이다. 시가모노는 모든 연령대의 아이들이 즐길 수 있는 놀이터를 지향한다. 그래서 시가모노에는 밸런스바이크장, 집라인, 그물 놀이터 등 즐길 거리가 풍성하다. 모래놀이 장난감, 킥보드, 자전거, 돗자리, 도시락 등을 바리바리 챙겨서 온다면 하루 종일 놀다가 갈 수 있는 곳이기도 하다.

기적의 놀이터 2호 '작전을 시작하지' 아이들에게는 멍들 권리가 있다. 아이들이 스스로 몸을 돌보며 마음껏 뛰어놀 수 있는 장이 더욱 많아졌으면 좋겠다.

업동호수공원에 자리 잡은 올라올라(4호)는 기존의 지형을 적극적으로 활용하여 역동적인 놀이터를 구현했다. 올라올라는 네트 놀이대, 자연경사 놀이마당, 반투명 미끄럼틀, 평 미끄럼틀 등이 있어서 아이들이 정신없이 놀기에 제격인 곳이기 때문이다. 개인적으로는 올라올라 앞에 있는 개울가를 제일 좋아한다. 이곳은 아이들에게 탐험의 장소를 제공한다. 물 깊이도 발목 정도라서 물놀이를 즐기기에도 적당하다. 이곳에서 아이들은 성큼성큼 돌멩이를 밟으며 개울가를 탐사하면서 다슬기도 잡고 도롱뇽도 찾으러 다닐 수 있다.

뒹굴뒹굴(5호)은 아이들이 집에서 뒹굴뒹굴하지 않고 밖에 나가 맘껏 뛰어 놀라는 의미를 담고 있다. 여기는 다른 놀이터에서 보지 못한 암벽 놀이대가 있다는 게 가장 큰 특징이다. 기존 놀이터 중에서도 암벽 오르기 놀이대가 있는 경우가 있지만, 대부분 로프로 올라가거나 완만한 경사에 지나지 않는다. 그런데 뒹굴뒹굴의 암벽 놀이대는 초등학생 아이들이 실제로 암벽을 등반하면서 모험을 즐길 수 있게 만들어졌다. 뒹굴뒹굴의 크기는 기적의 놀이터 중에서 제일 작지만, 아파트 사이에 끼어 있어서 접근성이 좋다. 주변 아파트의 놀이터가 텅텅 비어있는 것과 다르게 뒹굴뒹굴은 언제나 신나게 노는 아이들로 가득 차 있다.

제6호 기적의 놀이터는 '세상에서 제일 긴 놀이터'라는 이름을 가졌다. 이곳 놀이터는 폭이 좁은 대신에 길이가 무려 130m에 이르기 때문이다. 이곳의 가장 큰 특징은 아파트단지와 상가 앞에 길쭉하게 남은 공터를 활용했다는 점이다. 즉, 완충녹지 부분을 아이들의 놀이터로 조성한 셈이다. 아마도 이곳은 길이만큼이나 이름도 세상에서 제일 긴 놀이터라고도 할 수 있겠다. 비교적 최근에 개장한 북적북적(7호)은 기적의 도서관 바로 앞에 있다. 북적북적은 버드내 공원 안에 조성되어 있어서 나무 그늘과 벤치가 많아 무더운 여름날에 놀기에도 좋다. 북적북적은 놀이터+도서관+공원을 한 번에 즐길 수 있다는 장점이 있다.

모험의 놀이터로 떠나요

기적의 놀이터는 정해진 공간 안에서 아이들이 자유롭게 놀 수 있는 모험 놀이터를 지향한다. 기적의 놀이터가 핵심으로 삼은 위험성과 도전 정신은 모험 놀이터의 지향점과 일치한다. 기적의 놀이터 내에 모래밭을 두어 어린이들이 자유자재로 모래성을 쌓고 허물며 놀게끔 한 것도 마찬가지다. 기적의 놀이터는 어린이에게 모험의 기회와 더불어 창조의 기회를 제공하는 놀이터를 지향하고 있다. 기적의 놀이터는 고정된 놀이시설을 통해 놀이를 제공하기보다 최소한의 시설을 통해 어린이가 자연발생적인 놀이를 하는 데 목적이 있기 때문이다.

특히 스페이스 네트(2호), 집라인(3호), 반투명 미끄럼틀(4호), 암벽 놀이대(5호) 등은 아이들에게 놀이의 자유를 주는 공간이다. 다소 위험하지만, 모험심을 자극함으로써 아이들의 놀이 욕구를 충족시켜 준다. 그렇지만 여전히 고민은 있다. 놀이시설을 통한 놀이 제공은 어린이들이 놀이시설에서 노는 것에만 익숙하게 만들어 어린이의 놀이를 한정시키는 결과를 초래할 수도 있다. 즉, 일반놀이시설은 기적의 놀이터가 가진 장소성을 흐리게 만들 수 있다. 이를 위해서는 시설물이 아닌 열린 놀이공간을 만들어야 한다. 놀이가 규정되지 않은 열린 놀이공간에 대한 고민이 필요해 보인다.

어린이가 놀이터의 디자인에 참여하는 것도 모험 놀이터의 중요한 요소 중 하나다. 그동안 어른들은 어린이라는 존재를 미성숙한 존재로 여겨 아이들의 의견과 요구를 묵살하거나 어른의 시각에서 받아들여 왔다. 그러나 기적의 놀이터를 만드는 과정에서는 아이들이 설계에 직접 참여하여 의견을 제시했다. 놀이터의 공간을 계획하고 설계하는 데 어린이의 의견을 적극적으로 반영한 것이다. 이는 아이들을 자신의 요구를 표현할 수 있는 주체로 인정했다는 것을 의미한다.

아이들과 함께 노는 법

아이와 논다는 건 무엇일까. 나는 '놀아주기'보다 '함께 논다'라는 표현이 더 좋다. 물론, 이건 쉬운 일이 아니다. 피곤한 몸을 이끌고 아이와 함께 논다는 건 생각보다 쉽지 않다. 그런데 시혜자의 입장에 서서 놀아준다는 건 정신적으로 더 피곤한 일인 것 같다. 오히려 아이의 눈높이에서 함께 즐기면서 신나게 놀아야 어른이나 아이에게 더 좋지 않을까. 어른은 어느 순간 순수하게 노는 법을 까먹기 마련이니까.

그런 점에서 올라올라(4호)에 새겨져 있는 '아이들과 함께 노는 법'은 우리가 한번 유심히 생각해 볼 내용이라고 생각한다. 먼저 흙을 묻히고 옷을 적시는 것은 아이들이 야무지게 잘 놀았다는 표시이다. 그러니 맨날 따라다니며 흙과 물에 묻지 않도록 잔소리를 퍼붓지 말자. 부모들은 아이들이 뛰어노는 걸 지켜보기보다 자신들의 어릴 적 놀이를 보여주는 것도 좋겠다. 즉, 감시자가 되기보다 함께 놀이를 즐기는 파트너가 되어보자. 그리고 아이들이 관심을 두는 것을 함께 궁리하고 탐색해 보자. 아이들의 상상력에 진심으로 맞장구를 쳐다보면 어느새 순수하게 놀고 있는 자신을 발견할지도 모른다. 놀고 난 후 뒷정리를 깨끗하게 하는 것도 중요한 놀이이다.

바라기는 좀 더 다양한 형태의 놀이터가 만들어졌으면 좋겠다. 한 동네에 조성된 3~4개의 놀이터가 모두 똑같을 수 없어야 하는데, 놀이 기구의 종류·크게·형태·색상 등이 조금도 차이가 나지 않는다. 『마을이 함께 만드는 모험 놀이터』라는 책에서 이야기했듯이 아이들은 끊임없이 새로운 공간을 갈망하고 상상한다. 아이들이 놀이터에서 실제의 공간을 탐색하며 경이를 체험하고 기쁨과 즐거움을 느낄 수 있었으면 좋겠다. 모험과 탐색의 요소가 충실하고 상상이 깃들 여지가 있는 놀이터는 동네를 바꿀 수 있다. 지자체뿐만 아니라 지역 주민들도 놀이터에 관심을 두고 과감한 도전에 나서보면 어떨까.

17

낙안읍성
읍성으로 떠나는 시간여행

낙안읍성을 걷는다는 건, 마치 타임머신을 타고 과거로 돌아가는 것과 같다. '타임머신'은 낙안읍성을 재현하는 전형적이고 식상한 표현이 되어 버렸지만, 그만큼 적합한 다른 말을 찾기가 힘든 것도 사실이다. 그 이유는 낙안읍성 안을 걷다 보면 마치 조선 시대로 돌아간 것 같은 기분이 들기 때문이다. 낙안읍성은 객사와 동헌 등 조선 시대의 관아 건물이 그대로 남아 있을뿐더러 토속적인 분위기를 자아내는 돌담길이 쭉 이어져 있어서 시간을 거슬러 간다는 느낌을 주는 힘이 있다. 특히 돌과 흙을 버무려 쌓아 올린 돌담은 우리의 생활문화 유산이 그대로 담겨 있는 보물이 아닐까 싶다. 그래서 낙안읍성은 원형이 가장 보존된 읍성이라는 의미에서 서산의 해미읍성과 고창의 고창읍성과 더불어 3대 읍성에 꼽히고 있다.

호남의 민속촌

낙안읍성이 위치한 낙안면은 순천에서 벌교로 넘어가는 길목에 있다. 현재 낙안면은 행정구역상 순천시에 속해있지만, 1908년까지만 해도 독자적인 행정구역 단위인 낙안군으로 존재했었다. 공교롭게도 이때는 낙안지역 일대에서 의병 항쟁이 거세게 일어나고 있었다. 이러한 연유로 혹자는 행정구역 개편을 통해 의병 항쟁의 기운을 거세해 버리려고 했던 건 아닌지 추측해 보기도 한다. 역사적으로 낙안지역은 지리적으로 인접한 벌교와 함께 동일한 생활문화권을 형성했다. 1919년 3·1운동 때 낙안의 주민들이 벌교 장시에서 만세 시위를 벌인 건 낙안과 벌교가 동일한 생활권을 공유했기 때문이다.

용인의 민속촌이 팔도민속을 인공적으로 모아놓았다면, 낙안읍성은 조선 후기 읍성 도시의 경관을 잘 간직했다. 1983년 6월 정부는 낙안읍성 일대를 사적 제302호로 지정하여 옛 생활 모습을 보여줄 수 있는 대표적인 민속 마을로 조성하였다. 성곽과 마을을 묶어서 사적지로 지정한 건 이때가 처음이었다. 거기다 낙안읍성은 국내 다른 읍성과 달리 성곽 안

낙안읍성 전경 낙안읍성은 조선시대 읍성의 공간구조와 경관미학을 가장 잘 보여주는 대표적인 사례에 해당한다. 또한 낙안군악, 공동체 제의, 판소리 등 무형유산의 전승지로서도 가치가 뛰어난 곳이다.

에 주민이 거주하고 있다는 점에서 큰 주목을 받았다. 하지만 낙안읍성 안에서 조용히 살고 있던 주민들은 여러 가지를 감수해야 하는 일이었다. 이들은 보상금을 받고 이주를 하려고 해도 인근 땅값이 엄청나게 올라 새집을 마련하기가 어려웠다. 또한 주민들은 사적지 지정에 따른 온갖 제재를 감내해야 했다. 소문을 듣고 온 관광객들로 인해 사생활 침해를 받기도 했다. 이주하려니 막상 갈 곳이 없었고, 남아있자니 생활이 불편했다. 현재의 낙안읍성이 복원되기까지 주민들은 많은 걸 포기해야 했다.

이런 점에서 낙안읍성의 역사는 이주의 관점에서 다시 한번 살펴볼 필요가 있다. 현재 낙안읍성의 인구는 228명 정도이지만, 읍성을 복원하기 전만 해도 약 900명이 거주했었다. 다른 요인들도 있겠지만, 낙안읍성의 복원을 계기로 절반 이상의 사람들이 터전을 떠났다. 1980년대 초중반까지만 해도 낙안읍성의 동문에서부터 서문까지 가로지르는 길은 각종 상점이 모여든 번화가였다. 객사의 경우 낙안국민학교가 있었던 장소였고, 동헌과 내아에 여러 관공서가 몰려있었다. 이러한 경관들이 복원과 함께 사라져 버렸다. 여기에서 말하고 싶은 건 호남의 민속촌으로 유명한 낙안읍성에는 망각 속에 잊혀버린 이주의 역사가 깃들어 있다는 사실이다.

낙안읍성 객사 원래 낙안읍성 객사는 낙안국민학교의 부속건물이었다. 이 사진은 읍성 주민들이 객사 앞 운동장에 모여 정월대보름 민속축제를 치르고 있는 모습을 보여주고 있다. 객사 뒤로 현재 사라져버린 낙안국민학교 건물들이 보인다.

비보풍수 이야기

우리나라 풍수는 크게 명당 풍수와 비보풍수로 이루어져 있다. 명당 풍수가 좋은 땅을 찾는 데 목적이 있다면, 비보(裨補) 풍수는 결함이 있는 땅에 인위적인 조건을 가해 주거 환경을 개선하고자 한 조경 공사에 가깝다. 풍수 이야기를 꺼내는 이유는 낙안읍성이 비보풍수의 차원에서 흥미로운 곳이기 때문이다. 이를테면 낙안읍성은 풍수지리상 물 위에 둥둥 떠다니는 배의 형세를 취하고 있다고 한다. 예로부터 배는 사람과 재물을 운반하는 문명의 이기여서 배의 형세를 취한 마을은 인물과 재물이 모이는 명당으로 여겨졌다. 다만 배의 형세를 유지하기 위해서는 키, 돛대, 뱃머리 등을 갖추어야 했다. 그래서 낙안읍성 주민들은 서내리 부근에 숲을 조성해 뱃머리를 만들었고, 읍성 한 가운데에 은행나무를 심어 돛을 달았다. 이렇게 해야 마을에 복이 들어온다고 믿었던 것이다.

배의 형세를 닮은 마을의 가장 큰 특징은 우물을 파지 않거나 깊이 파지 않는 민속 전통이다. 물 위에 둥둥 떠다니는 배에 구멍을 팔 수 없는 노릇이니까. 낙안읍성의 경우 깊은 우물을 파는 행위가 향약(鄕約)으로까지 금지되어 있다고 한다. 낙안읍성 안에 깊이 1m 정도의 낮은 우물이 여러 개가 있는 이유이다. 이러한 민속 전통은 서면의 선평마을, 승주읍의 신전마을에도 전해져 오고 있다. 이 마을들도 낙안읍성과 마찬가지로 물 위에 뜬 배의 형국이라서 우물을 파지 않았다고 한다.

동문 밖에 있는 석구상(石狗像)은 비보풍수의 일환으로 지어진 석물이다. 현재는 2기가 남아있지만, 원래 3기가 있었다고 한다. 이 가운데 한 마리는 오봉산의 험준한 산세를 제압하고자 세웠다 한다. 그리고 다른 하나는 제석산과 거선봉의 사나운 기운을, 또 다른 하나는 금전산과 고동산의 압력을 누르기 위해서 만들어졌다고 한다. 이 산들은 낙안읍성을 병풍처럼 둘러싸고 있는 지형물이다. 또 다른 이야기에 따르면, 낙안 일대가 워낙 왜구의 침략이 심했던 터라 억울하게 죽은 원귀가 마을을 넘보지 못하기 위해 석구상을 세웠다고. 어쨌든 낙안읍성의 석구상은 우리나라에서 개가 수호신으로 여겨졌던 민속 문화를 잘 보여주는 유물이라고 할 수 있다.

이처럼 비보풍수는 자연환경이 일방적으로 사람에게 미치는 영향을 능동적으로 바꿔보고자 했던 문화적 장치였다. 이는 마을을 상징적으로 영역화하려는 시도에서 비롯되었다. 즉, 풍수 조건을 보완하거나 조절하여 이상적인 터를 조성하고자 했던 우리네 선조의 노력이라고 할 수 있다. 고려 시대의 비보 풍수가 사찰, 석탑, 불상 등 불교 조형물을 통해 이루어졌다면, 조선 시대의 비보풍수는 장승, 당산나무, 연못, 마을 숲 등 민속 신앙과의 결합으로 다양해졌다. 선암사가 전자의 경우라 할 수 있다면, 낙안읍성은 후자의 사례에 해당한다.

낙안읍성에 얽힌 역사의 흔적들

낙안읍성의 역사를 이야기할 때 빼놓을 수 없는 인물은 임경업 장군이다. 그는 정묘호란(1627)과 병자호란(1636)을 겪은 조선에서 명나라와 협력해 청을 무찌르려고 했으나 끝내 제

뜻을 이루지 못하고 역모에 휘말려 죽임을 당한 비운의 인물이다. 낙안읍성의 객사 앞에 세워져 있는 임경업장군비각은 그가 낙안군수를 지낼 때(1626~1628) 베푼 선정을 기리기 위해 만들어진 기념물이다. 낙안읍성에 유독 임경업 장군이 등장하는 전설이 많이 전해져 오고 있는 이유다. 가장 대표적인 전설은 임경업 장군이 내기를 걸고 하룻밤 만에 낙안읍성을 축조했다는 이야기다. 특히 임경업 전설은 낙안읍성 인근에 있는 용소(龍沼)와 관련이 많다. 임경업 장군이 용소에 커다란 바위를 들고 와서 '덜커덩' 다리를 만들었다는 덜커덩다리의 전설, 임경업 장군이 여느 때와 마찬가지로 용소에서 수련을

임경업 장군 비각 낙안읍성 동문에서부터 길을 걷다 보면 임경업 장군 비각을 마주한다. 임경업 장군 비각은 정월대보름마다 마을 주민들이 당산제를 지냈던 중요한 장소였다.

하고 있다가 갑자기 나타난 용에게 명검을 받았다는 구전이 알려져 있다.

낙압읍성에 전해져오고 있는 임경업 전설은 설화적 상상력에 바탕을 두고 있다. 이 전설들은 임경업이 낙안읍성의 주민들에게 영웅적인 인물로 인식됐다는 것을 잘 보여주고 있다. 임경업 장군이 서해안 일대에서 조기잡이의 신으로 추앙받고 있는 이유도 마찬가지다. 이러한 문화가 있기에 낙안읍성 주민들은 정월 보름마다 임경업장군비각에서 제사를 지낸다. 이 제사는 억울하게 죽은 임경업 장군의 원통함을 민중들이 풀어준다는 의미를 담고 있을 뿐만 아니라 마을을 지켜주는 수호신으로 추앙하고 있다는 의미를 담고 있다. 이런 점에서 낙안읍성은 민중의 한풀이를 공유하는 의례 공동체라고도 할 수 있다.

1894년에 조선을 뜨겁게 달구었던 동학농민혁명의 여파는 낙안읍성을 비껴가지 않았다. 1894년 음력 9월 영호도회소의 양하일이 이끄는 농민군이 군수품을 확보하기 위해 점령한 곳이 낙안읍성이었기 때문이다. 영호도회소는 동학농민혁명 때 김인배가 통솔하는 농민군이 순천을 점령한 후 전남 동부지역의 통치권을 장악하면서 만든 기구였다. 영호도회소는 선암사에 1천여 명의 농민군을 집결시킨 후 어두운 밤을 틈타 낙안읍성을 공격했다. 여기에는 순천뿐만 아니라 고산, 남원, 태인, 금구 등 주로 전북지역의 농민군들이 참여했다고 한다. 그야말로 낙안읍성은 동학농민혁명의 격전지 중 하나였다.

한편, 낙안읍성은 동편제와도 인연이 깊다. 섬진강을 중심으로 발전한 동편제는 씩씩한 가락에 감정을 절제하며 기교를 부리지 않는 특징이 있다. 슬픈 가락에 중점을 두고 다양한 기교를 부리는 서편제와는 결이 다른 소리라고 할 수 있다. 서편제가 보성을 중심으로 발달했다면, 동편제는 전남 동부 일대에 널리 유행했다. 이 이야기를 하는 이유는 동편제의 명창인 송만갑(1865~1939)이 낙안 출신이기 때문이다. 판소리 명창들은 전국을 떠돌며 공연했기에 출생지가 기록에 따라 다르게 적혀있거나 불분명한 경우가 아주 많다. 그래서 송만갑의 출생지를 놓고 순천과 구례가 갈등을 빚기도 했다. 분명한 사실은 그가 어린 시절 낙안에서 자랐다는 것이다. 그래서인지 낙안읍성에는 소년 송만갑이 목청을 트기 위해 소나무를 붙잡고 발성 연습을 하다가 피를 토했다는 이야기가 전해지고 있다. 낙안읍성 안에 송만갑 선생의 생가가 있는 이유이다.

18

뿌리깊은나무 박물관
토박이 문화의 숨은 가치를 찾아내다

한글은 뿌리가 깊은 말이다. 모진 세월을 견뎌내고 민중들 사이에서 '숨어 있는' 글자로 뿌리를 내린 세월이 수백 년이었다. 민중들이 입에서 입으로 전해 내려오는 그 수많은 이야기를 손으로 베껴 쓰고 서로 돌려가며 읽을 때 거기에는 항상 한글이 있었다. 그리고 이 한글의 가치를 누구보다 잘 알고 있던 사람이 있었다. 바로 한국 브리태니커 회사를 이끌었던 고(故) 한창기 사장(1936~1997)이다. 그는 의미 있는 일을 위해서라면 자신이 가지고 있는 부와 재능과 미적 감각을 낙엽처럼 태울 줄 아는 사람이었다. 한평생 문화는 역사의 꽃이 아니라 뿌리라는 생각을 견지하며 자신에게 주어진 것을 내어준 외톨박이다.

한창기, 작고 가느다란 이야기들을 좋아한 잡지계의 혁신가

한창기 시장의 이력은 다채롭다. 잡지발행인, 토박이 문화의 지킴이, 재야 국어학자 등등. 지금의 보성군에 속해있는 벌교 읍이 그의 고향이다. 어린 시절 그는 툭하면 앵앵 운다는 이유로 '앵보'라는 별명으로 불렸다고 한다. 잦은 병치레로 얻게된 별명이다. 소년 한창기는 중학교 시절부터 영어 공부에 열정을 쏟았고, 청년 한창기는 서울대 법대에 입학했으나 법조인의 길을 가기보다 세일즈맨의 길을 선택했다. 외판원으로서 그가 제일 많이 판 물건은 브리태니커 백과사전이다. 그 공을 인정받아 1970년에는 브리태니커 한국지사장이 되었다. 이때 그의 나이는 34세였다. 브리태니커 200년 역사에서 첫 동양인 지사장이 탄생한 순간이다.

한창기 사장은 누구보다도 토박이 문화에 많은 관심을 가졌다. 그런 그가 제일 먼저 한 일은 우리의 소리를 되찾는 일이었다. 당시 판소리는 대중성을 잃어버리고 부유하는 처지에 있었다. 판소리 문화의 복원에 강한 의지를 보인 한창기는 1974년 1월부터 일주일에 한 번씩 판소리 감상회를 개최했다. 한창기 사장이 주도한 판소리 감상회는 판소리 역사의 새로운 전기를 만들었다. 판소리 감상회를 통해 명창들의 소리가 세상에 알려졌을 뿐만 아니라 전승이 왕성하지 않아 사라질 뻔한 소리도 발굴되었기 때문이다. 판소리 감상회는 기량을 선보일 기회를 얻지 못한 예술인들에게 숨통을 틔워주는 계기를 주었다.

아쉬운 건 판소리 감상회가 1978년 9월 29일에 100회 기념공연을 끝으로 긴 장정을 마쳤다는 사실이다. 가장 큰 이유는 더 이상 무대에 올릴만한 판소리가 없었기 때문이다. 판소리 감상회는 100회로 유종의 미를 거두었지만, 판소리계 전반에 다양한 영향을 미쳤다. 무엇보다 판소리 감상회를 본뜬 공연이 점차 활기를 띠기 시작했다. 젊은 층을 중심으로 판소리의 저변이 확대된 것도 이때부터였다. 가장 중요한 점은 구전으로만 전해지던 판소리를 정리하고 기록했다는 사실이다. 이는 판소리 감상회가 공연으로만 끝나지 않고 음반 출반으로까지 이어졌기

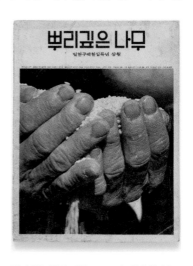

잡지 『뿌리깊은 나무』 1976년 3월에 창간호로 등장한 『뿌리깊은 나무』는 당시에 힙한 잡지였다. 기존의 관행(한자 혼용)을 거부했고, 아무도 주목하지 않았던 토박이 문화에 대해서 이야기했기 때문이다. 디자인적인 측면에서도 『뿌리깊은 나무』는 세련된 편집 감각을 선보였다.

에 가능한 일이었다. 사실, 이때 녹음된 판소리는 현재 전승되고 있는 판소리의 전부라고 해도 될 정도이다.

그의 행보는 여기서 끝나지 않는다. 1976년 3월에 긴 제목, 한글 전용(심지어 숫자까지 한글로 썼다), 가로쓰기, 크고 얇은 판형, 컬러 화보, 유명인 없이 찍은 표지사진, 독자 비판지면 등을 도입한 『뿌리깊은 나무』를 창간한 것이다. 당시의 관행을 모두 거슬렀던 『뿌리깊은 나무』는 5년(1976~1980)이라는 짧은 기간 동안 아주 굵직한 흔적을 남겼다. 무엇보다 『뿌리깊은 나무』는 한문투의 문장, 일본어 투가 밴 문장, 겉멋으로 떡칠이 된 문장을 우리말에 맞게 고쳐 썼다. 한창기 사장은 신군부의 강요로 『뿌리깊은 나무』를 폐간했음에도 불구하고, 좌절하지 않고 『샘이 깊은 물』이라는 잡지를 발행하기 시작했다(1984). 한글에 대한 그의 애정은 이 두 잡지의 이름을 용비어천가에서 가져왔다는 점에서도 알 수 있다.

이와 더불어 한창기 사장은 사람들에게 잊혀져가는 옛 물건들을 하나하나 모으기 시작했다. 그는 세상을 떠날 때까지 6천여 점에 이르는 유물들을 수집했다. 이를테면 영조의 계비인 정순왕후의 국장행렬도를 그린 〈정순왕후국장반차도〉를 들 수 있다. 그런데 그가 수집한 유물의 대부분은 조선 시대의 민중들이 일상생활에 사용하던 물건들이었다. 조선 시대의 담뱃대, 명주 솜저고리, 방석, 모시이불, 나막신, 합죽선 등 사라져가는 민속유물을 모았던 것이다. 토박이 문화에 대한 그의 관심은 『뿌리깊은 나무』에 '민중의 유산'이라는 제목으로 다양한 민속품들을 소개하는 글을 연재하는 기획으로 이어졌다. 이 글은 민속학자 예용해 선생과 지운 선생이 기고한 것이다.

한글에 남다른 애정이 있던 만큼 그는 한글 고소설의 중요성을 일찍부터 깨닫고 500여 책을 모으기도 했다. 『곽씨열녀전』, 『홍계월전』, 『구운몽』, 『단종대왕실기』 등 다양한 한글 고소설 작품들을 차곡차곡 수집해 나갔다. 이 중에서도 가장 가치가 있는 건 책판(冊版)이다. 책판이란 나무 판에 글을 새겨서 책을 박아내는 인쇄 시설을 가리킨다. 책판은 조선 후기의 출판 문화사를 이해하는 데 아주 중요한 자료이지만, '온전하게' 남아있는 경우가 거의 없다. 한창기의 수집은 규모나 질적인 측면에서 엄청나다. 놀라운 사실은 그가 어렵게 구한 한글 고소설을 국문학 연구자들에게 자료로 제공하는 것도 마다하지 않았다는 점이다.

뿌리깊은나무 박물관이 품은 유물들

그가 세상을 떠나면서 방대한 규모의 유물을 보관하고 관리하는 문제가 떠올랐다. 한창기 사장은 유언장에서 자신의 소

박물관 전면 낙안읍성 입구에서 성곽길을 따라 조금만 걸어가면 뿌리깊은나무 박물관이 나온다. 박물관에는 한창기 대표가 평생 수집한 토박이 문화의 유물들이 어우러져 있다.

장품들을 한데 전시할 박물관 건립을 희망한 것으로 알려져 있다. 이런저런 우여곡절 끝에 2011년 11월에 순천시립 뿌리깊은나무 박물관이 세워진 이유다. 한창기 사장이 타계한 지 14년 만에 이루어진 일이다. 그런데 그의 고향인 보성 벌교가 아니라 순천 낙안에 박물관이 지어진 이유는 무엇일까. 굳이 따져보자면 그가 태어난 벌교읍 고읍리는 1908년에 낙안군이 없어지기까지 낙안에 속해있었던 마을이었다. 즉, 박물관의 위치는 순천의 역사를 고려할 때 전혀 엉뚱하다고 볼 수 없다.

박물관은 크게 전시실과 석물공원, 그리고 '수오당'이라고 하는 한옥으로 구성되어 있다. 전시실은 다시 기획전시실과 상설전시실로 나눌 수 있다. 상설전시실에 비치되어 있는 유물들은 삼국시대의 기와, 주술적 의미가 담긴 오리 모양 토기, 조선 시대의 생활용품들, 민화 등 수십 점밖에 되지 않는다. 수장고에 보관되어 있는 방대한 규모의 유물들을 전부 전시하기란 현실적으로 불가능한 일이기 때문이다. 그래서 기획전시실을 따로 만들어 한창기 사장이 수집한 유물들을 다채롭게 볼 수 있도록 하고 있다.

전시실을 나와 둘러보면 석물 공원과 수오당이 나온다. 석물 공원에 비치된 불상, 문인석, 동자석, 장명등, 망주석 등은 단순함 속에 남겨진 해학적 묘사와 세월의 흔적을 간직하고 있다. 이 석물들도 한창기 사장이 생전에 모은 문화재들이다. 수오당은 단소 연주의 대가인 백경 김무규가 살았던 집이다. 원래는 구례에 있던 한옥이지만, 박물관 건립과 함께 낙안으로 옮겨졌다. 수오당에서는 신발을 벗고 마루에 올라가 시원한 바람을 맞으며 잠시 숨을 돌려보자. 이 집은 영화 〈서편제〉에서 김무규 선생이 직접 거문고를 연주하는 장면과 함께 나온 적이 있다. 박물관은 2020년에 공간을 리뉴얼하면서 이 장면을 볼 수 있는 키오스크를 전시실에 설치해 놓았다. 전시실을 나서기 전에 이 장면을 관람하면 수오당을 만끽하는 기쁨이 늘어날 것이다.

기억에 남는 일들

뿌리깊은나무 박물관은 나와도 인연이 있다. 몇 년 전, 나는 매일 한 시간 가까이 차를 몰고 뿌리깊은나무 박물관으로 출근한 적이 있었기 때문이다. 순천에서 골목 책방을 운영하다가 박물관 해설사로 근무할 때의 일이었다. 대도시에서 사는 이들에게 한 시간 출근은 일상일 수 있겠지만, 지방 소도시에서 한 시간 출근은 예삿일이 아니다. 더욱이 순천은 차를 타고 10~20분만 이동하면 웬만한 곳을 다 다닐 수 있는 곳이다. 덕분에 1년 가까이 나는 꼬불꼬불한 산비탈 길을 넘어 다니며 박물관을 오고 가는 생활을 했다.

박물관 해설사로 근무하면서 기억에 남는 일들이 있다. 어느 날 수원에서 단체관람객이 온 적이 있었다. 한 할머니가 기념품 숍에 진열되어 있던 책들을 보시곤 놀라운 이야기를 꺼내셨다. 자신의 동네 친구 시어머니가 『민중자서전』에 등장한다는 것이다. 『민중자서전』은 한창기 사장이 1980년대에 기획하고 추진했던 구술사 프로젝트였다. 지금은 구술생애사가 널리 알려져 있지만, 1980년대만 해도 매우 생소한 일이었다. 그래서 『민중자서전』은 구술 생애사를 선구적으로 개척한 프로젝트였다고 할 수 있다. 혹자는 『민중자서전』을 구술자의 언어를 그대로 표기한 구비문학의 결정체거나 '민중의 숨결

224

이 살아 숨 쉬는 책'으로 평가한다. 20권짜리로 이루어진 『민중자서전』 시리즈는 헌책방에서 레어 아이템으로 꼽히기도 한다.

깜짝 놀랐다. 『민중자서전』은 평범한 민중들의 범상치 않은 인생 여정을 고스란히 담아낸 책인데, 그중 한 명을 직접 아는 분이 눈앞에 서 계신 것이다. 사연을 여쭤보니까 이 어르신이 말한 책의 주인공은 『민중자서전』 1권에 등장하는 고(故) 전동례 할머니다. 『두렁바위에 흐르는 눈물』이라는 제목으로 발간된 이 책에서 전동례 할머니는 제암리 학살 사건을 증언했다. 제암리 학살 사건이란 1919년 3·1운동 때 수원 제암리에서 일본군이 벌인 민간인 학살 사건을 가리킨다. 책에서만 보던 전동례 할머니를 직접 알고 있는 분을 생각하지도 못한 곳에서 만나게 된 것이다. 매우 뜻밖의 장소에서 이루어진 만남이었다.

또 다른 에피소드가 있다. 무더운 어느 여름날이었다. 동네 주민으로 보이는 아들과 노파가 무더위를 피하기 위해 잠시 박물관에 놀러 왔다. 생각보다 오래 앉아있더니 나가는 길에 필자에게 흥미로운 이야기를 건넸다. 박물관 서가에 꽂혀 있는 책에서 부모님의 결혼식 사진을 발견했다는 것이다. 사연인즉, 몇 년 전 지자체에서 결혼식을 치르지 못한 동네 어르신들을 모시고 황혼 결혼식을 진행한 적이 있었는데, 그때 찍은 사진이 책에 수록되어 있었던 것이다. 아들분은 돌아가신 아버지와 늙은 어머니의 뒤늦은 결혼식 모습을 담은 그 책을 하나 가져가도 되냐고 물었다. 허락을 받아 그 책을 선물로 드렸다. 지자체가 발간한 비매품 책이라서 일반인이 구하기가 어려울뿐더러 박물관이 넉넉하게 보유하고 있었기 때문이다. 이 두 에피소드는 박물관 해설사로 근무하면서 제일 기억에 남는 일이다.

19

조계산의 사찰들① - 선암사

신선이 노니는 천년 고찰

소백산맥의 끝자락에 솟아있는 조계산의 가장 큰 매력은 울창함이다. 조계산의 산세는 험하지 않으나 수백 년 된 나무들이 빽빽하게 들어차 있어서 울창한 숲을 이루고 있다. 아마도 숲의 울창함으로 따지자면 전국의 명산 중에서도 으뜸으로 꼽힐 수 있을 것이다. 조계산의 울창한 매력은 지리산의 장엄함과 설악산의 찬란함과 다른 아름다움을 갖고 있다. 이슬이 맺힌 새벽녘이나 이제 막 비가 개기 시작한 날에 조계산 산길을 거닐다 보면 울창한 숲이 선사하는 신비감에 절로 경외감이 든다.

특히 조계산에는 사찰림으로 보존이 잘된 참나무가 많다.

참나무는 특정 나무종의 이름이 아니라 도토리가 열리는 6종의 나무를 통칭하는 것이다. 그래서 참나무를 도토리나무라고도 부른다. 참나루로 만든 숯은 화력이 세고 연기가 나지 않아서 화목으로 제격이다. 이는 조계산에 100군데가 넘는 숯가마 터가 남아있는 이유로 작용했다. 숯가마 터는 인근 마을 주민들에게 일자리와 소득을 제공해 준 산업현장이었다. 조계산 사람들은 숯가마를 '숯굿'(숯구덩이)과 '숯막'(숯 굽는 사람들의 움막)을 합친 '숯굿막'이라고 불렀다.

삼암·삼무·삼다의 사찰

무엇보다 조계산은 한국 불교와 떼래야 뗄 수 없는 관계에 있다. 그 이유는 한국 불교의 대표적인 사찰인 선암사와 송광사가 조계산의 기슭에 자리하고 있기 때문이다. 조계산의 양쪽에 있는 선암사와 송광사는 굴목재라는 고갯길로 연결되어 있다. 여행객의 대다수가 사찰을 보기 위해 조계산을 찾는 것이지만, 굴목재가 남도삼백리길 9코스인 '천년불심길'에 선정되면서 산길 트레킹이 부쩍 늘어났다. 이 길은 쉬엄쉬엄 걸을 수 있는 데다가 풍광이 뛰어나 걷기에 좋다. 선암사와 송광사의 스님들이 수시로 왕래하며 수행한 길을 따라서 조계산의 고즈넉한 풍경을 눈에 담아보자. 굴목재 중간 지점에는 보리 잡곡

선암사 홍매화 각황전에서 운수암으로 이르는 돌담길에 있는 매화나무를 '선암사 선암매(仙巖梅)'라고 한다. 그중 각황전 담길의 홍매화는 2007년에 천연기념물로 지정되었다.

밥에 고소한 참기름과 갖가지 나물을 넣고 쓱쓱 비벼 먹을 수 있는 '보리밥집'이 있다. 이곳은 굴목재를 이야기할 때 빼놓을 수 없는 명소이다.

　흥미롭게도 선암사와 송광사는 3이라는 숫자와 연관이 깊다. 먼저, 선암사는 광양의 운암사와 진주의 용암사와 더불어 삼암사(三巖寺)라 부른다. 고려 후기에 재상을 지냈던 박전지가 지은 「용암사 중창기」에 따르면, 도선국사(827~898)는 어느 날 나타난 지리산 성모천왕의 계시에 따라 세 암자를 창건했다고 한다. 도선국사는 신라 말기에 활동한 승려이자 풍수

지리학의 대가이다. 그는 중국에서 전해진 풍수지리학을 실정에 맞게 발전시킨 인물로 유명하다. 이 세 사찰은 땅의 기운을 다스리기 위해 지어진 비보사찰이다. 그가 직접 사용했다고 하는 직인통(일종의 도장통)이며 그의 모습을 담은 도선국사 영정 등 선암사 곳곳에 도선국사의 흔적이 남아있는 이유다. 현재 각황전에 있는 철불은 도선국사가 북쪽의 기운을 다스리기 위해 조성했다는 전설을 간직하고 있다.

더불어 삼무와 삼다는 선암사를 탐방하는 재미를 더해준다. 먼저, 선암사는 사천왕문과 협시보살, 그리고 어간문이 없는 삼무(三無)의 절이다. 불교에서 사천왕은 불법을 수호하는 네 명의 수호신이다. 웬만한 사찰에 들어갈 때는 잔뜩 치켜올린 검은 눈썹에 큼직한 무기 등을 들고 있는 사천왕이 있는 문을 지나가게 된다. 그런데 선암사에는 절을 구성하는 기본적인 공간인 사천왕문이 없다. 그 이유에 관해서는 이야기가 분분한데, 조계산의 장군봉이 선암사를 지키고 있어서 사천왕문을 따로 짓지 않았다는 설명이 가장 잘 알려져 있다.

이번에는 대웅전으로 가보자. 대웅전은 석가모니 부처를 봉안한 곳이라서 공간적으로나 상징적으로 사찰의 중심에 해당한다. 보통 석가모니 부처의 좌우에는 본존불을 보좌하는 협시보살인 문수보살과 보현보살을 배치하는데, 선암사 대웅전에는 협시보살이 없다. 거기다 선암사 대웅전은 전면 중앙 문인 어간문(御間門)의 출입을 금지하고 있다. 그 이유는 깨달은 자만이 어간문을 통과할 수 있다고 여긴 까닭이다.

거꾸로 선암사는 다화(多花)·다지(多池)·다석(多石)으로 유명하다. 선암사는 사계절에 따라 매화, 동백, 철쭉, 산수유, 영산홍, 수국, 물푸레나무 등이 피고 짓는 사찰 정원의 매력을 뽐내고 있다. 천연기념물 제488호로 지정된 원통전 뒤편의 백매화와 각황전 담길의 홍매화는 선암사의 대표적인 꽃나무다. 해마다 봄이 되면 이 매화를 보기 위해 많은 사람이 선암사를 찾을 정도. 이와 더불어 선암사에는 크고 작은 연못과 석조가 즐비하다. 석조(石槽)란 돌의 내부를 파서 물을 담아 쓰도록 만든 용기를 말한다. 연못이 많은 건 화재를 대비하기 위함이고, 석조가 많은 건 선암사가 구역별로 독립된 살림살이를 하기 때문이다.

승선교 지나 만다라를 펼치다

선암사에 간다면 꼭 경험해야 할 세 가지가 있다. 바로 승선교와 야생차체험관, 그리고 해우소다. 입구에서 숲길을 따라 걸어 올라가다 보면 11기의 부도와 7기의 비석이 줄지어 있는 부도밭을 볼 수 있다. 여기서 앞으로 계속 나아가면 두 개의

승선교 일대의 모습 아치형 돌다리인 승선교(昇仙橋)는 "신선이 올라간 다리"라는 의미를 지니고 있다. 계곡 아래로 내려가면 승선교의 돌다리 아치 안에 강선루가 들어온다.

무지개다리가 나타난다. 이 중에서 커다란 무지개다리가 보물 제400호로 지정된 승선교(昇仙橋)다. 이 다리에서 찍은 사진은 선암사를 대표하는 경관이라고 할 수 있다. 승선교에서 얼마 지나지 않아 나오는 강선루(降仙樓)는 선암사의 대문인 곳이다.

아니면 부도밭에서 오른쪽으로 올라가는 길에 있는 야생차체험관을 먼저 방문해 보는 것도 좋다. 선암사의 차향(茶香)은 역사의 향이 짙게 배어 있다. 이는 그만큼 선암사의 야생차가 역사적으로 오래되었다는 걸 의미한다. 야생차체험관에 가면 직접 차를 만드는 경험을 할 수 있는 제다 체험실과 차의

일제강점기 승선교의 모습 순천에서 활동하던 미국 남장로회 선교사들이 선암사를 둘러보며 찍은 사진이다. 정확한 촬영 시기를 알 순 없지만, 사진에서 1929년에 건립된 강선루가 등장하는 것을 주목할 필요가 있다. 최소한 이 사진은 1929년 이후에 촬영되었다고 볼 수 있다.

역사와 제조 과정 등을 소개한 전시관 등을 볼 수 있다. 사랑채에서 구증구포의 전통 제다법에 따라 만든 수제 차를 맛보며 느림의 미학을 온몸으로 느껴보는 것도 괜찮은 경험이다. 그윽한 멋이 가득한 한옥에서 조계산의 고즈넉함을 즐기며 향기로운 차를 마시는 건 선암사의 또 다른 볼거리이자 체험 거리다.

고색창연한 대웅전이나 우아한 미를 자랑하는 석탑 못지않게 사찰의 해우소도 중요한 문화유산이다. 전국에서 최대 규모를 자랑하는 선암사의 해우소는 유려한 곡선미로 유명하다. 이곳은 정호승 작가의 시구절인 "눈물이 나면 기차를 타고 / 선암사로 가라 / 선암사 해우소로 가서 실컷 울어라 / (중략) / 눈물이 나면 걸어서라도 / 선암사로 가라 / 선암사 해우소 앞 / 등 굽은 소나무에 기대어 / 통곡하라"로 널리 알려졌다. 선암사의 해우소는 격실 칸막이가 목 높이밖에 되지 않아 고개를 돌리면 서로 민망할 수 있다. 다행히 근처에 화장실이 따로 있으니까, 해우소는 그냥 구경만 하자.

어쩌면 선암사는 둘러보는 절이라기보다 머물러야 할 절이라고 하는 게 맞겠다. 승선교는 보는 게 아니라 건너봐야 하고, 야생차체험관은 구경보다 직접 마셔봐야 하는 곳이기 때문이다. 지금은 이용이 힘들지만, 해우소도 마찬가지라 할 수 있다. 즉, 선암사의 본모습은 먹고 싸는 일상으로 들어가 봐야 알 수 있다. 아주 느긋하게 천천히 걷고 음미해 봐야 선암사의 진면목을 경험할 수 있다.

후미진 구석에서 발견한 선암사의 보물들

선암사는 각종 보물이 많고 자랑거리가 풍부하다. 가령 1986년 여름에 선암사 삼층석탑을 보수하는 과정에서 발견된 사리장엄구는 보물 제955호로 지정된 바가 있다. 선암사는 고려 왕자 출신인 대각국사 의천과도 인연이 깊어서 대각국사 영전(보물 제1044호)과 대각암 부도(보물 제1117호)가 전해져 오고 있다. 그런데 선암사의 진가는 후미진 구석에 가서야 제대로 알 수 있다고 생각한다. 이를테면 선암사 부엌에 있는 조왕신 제단과 차 부뚜막이다. 조왕신(竈王神)은 모든 음식을 관장하는 부엌의 신이자 불의 신이다. 보통 밥을 짓는 큰 솥의 뒤쪽 벽에 조왕신을 모시는 제단을 둔다. 그리고 큰 솥 오른쪽에는 찻물만 전문으로 끓이는 차 부뚜막을 정갈하게 만들어놓았다. 옛날 차 부뚜막은 절간에 없어서 안 될 요긴한 물건이었다. 차를 즐기는 절간에는 부엌마다 차 부뚜막이 필수적이었기 때문이다. 요즘은 절간의 부엌이 특별한 경우가 아니고서야 일반인의 출입이 금지되어 있어 쉽게 보기 힘들다.

달마전의 뒷마당에 자리 잡은 4단 석조도 선암사의 숨겨진 보물이다. 이 석조는 사각형의 석조 1기와 원형의 석조 3기가 조화를 이루면서 서로 잇대어 있다. 맨 위 사각형 석조에는 음각으로 병인년(1926) 12월에 조성되었다는 문구가 새겨져 있는데, 이곳의 물은 부처님께 올리는 청수로 사용되고 있다. 그리고 두 번째 석조의 물은 음용수로 마시고 있으며, 세 번째 석조의 물은 세수나 빨래에 쓰이고 있다. 마지막 네 번째 석조의 물은 허드레 탕이다. 물을 허투루 흘려보내지 않게 하려는 절약의 미학에 따라 순서마다 물의 사용이 다르다.

또한 선암사의 곳곳에는 불의 기운을 누르기 위한 장치들이 마련되어 있다. 승선교 밑에 있는 용두석은 물을 따라서 들어오는 나쁜 기운을 막는 일종의 수구막이다. 대웅전의 서까래에 빼곡히 그려져 있는 바다 해(海)자와 심검당의 외부 벽에 새겨져 있는 물 수(水) 자와 바다 해(海) 자도 마찬가지다. 물의 기운을 상징하는 글자들이 사찰 건물에 새겨진 이유는 선암사가 여느 목조건축물과 마찬가지로 화재가 끊이지 않았기 때문이다. 현존 건물은 몇 차례의 화재를 거치고 나서 1825년(순조 25)에 중건된 것이다.

대각암으로 올라가는 길에 등장하는 마애여래입상도 눈여겨 볼 필요가 있다. 이 마애불은 표정과 머리 장식이 독특해

달마전 석조 너른 차밭에서 흘러나온 물이 대롱 나무통을 타고 층층이 흘러내린다. 달마전 석조의 조형성과 소박한 아름다움은 후미진 곳에서 발견할 수 있는 선암사의 보물이라고 할 수 있다.

선암사 심검당의 물 수(水)자와 바다 해(海)자 심검당은 화재 예방을 위한 방편으로 환기 창에 물과 관련된 글자를 투각하여 장식한 사례이다. 선암사가 화재 예방에 신경을 곤두세운 흔적은 심검당뿐만 아니라 사찰 곳곳에 있다.

이국적인 인상을 풍기는데, 무려 5m에 가까운 거불(巨佛)이라 전남 지역의 가장 큰 마애불상 중 하나로 꼽히고 있다. 안타깝게도 바로 옆 바위에는 갑진삼월일(甲辰三月日)이란 명문이 새겨져 있지만 정확한 조성 시기를 알 수 없다. 특이한 건 대부분의 마애불이 양각으로 만들어진 반면에 선암사의 마애불은 선각(음각)으로 조성되었다는 사실이다. 양각의 마애불은 주위 바위를 제거함으로써 불상의 형태가 두드러지게 나타난다는 특징이 있다. 선각의 마애불은 바위 면을 평평하게 다듬은 뒤 깊이 파는 탓에 부처의 모습을 은은하게 담고 있다. 선각의 마애불은 자연과의 조화를 우선시한다는 점에서 양각의 마애불과 다르다고 할 수 있다.

20

조계산의 사찰들② - 송광사
느릿느릿 흙길을 걷다 마음을 빼앗기다

선암사가 대표적인 비보사찰인 삼암사 중 하나라면, 송광사
는 불교의 세 가지 보배를 상징하는 삼보사찰 중 하나이다. 양
산의 통도사는 부처의 진신사리를 모셨다고 해서 불보사찰이
라고 하고, 합천의 해인사는 부처의 말씀을 기록한 대장경을
보관한 곳이라는 이유로 법보사찰이라고 한다. 송광사는 고
려 후기에 보조국사 지눌(1158~1210)을 비롯하여 16명의 국
사를 배출한 사찰이라서 승보사찰로 불리고 있다. 당시 국사
(國師)는 승려가 오를 수 있는 가장 높은 자리였다. 국사는 왕
의 스승이자 자문으로 나라를 이끌어가는 중요한 역할을 했
다. 그런 국사가 한 군데에서만 16명이나 나왔으니, 송광사는

송광사 전경 송광사는 전체 면적이나 건물 수로 볼 때 전국에서 손꼽히는 규모의 사찰이다.
거기다 송광사는 국보 5점, 보물 52점, 천연기념물 3점 등 많은 문화재를 소장하고 있으니 사
찰 자체가 하나의 박물관이라고 할 수 있겠다.

예사롭지 않은 사찰인 건 분명해 보인다.

송광사의 3대 명물

송광사에 왔다면 3대 명물을 꼭 둘러보자. 송광사의 3대 명물이란 능견난사와 쌍향수, 그리고 비사리구시를 말한다. 언제 누가 '송광사의 3대 명물'이라는 말을 지어냈는지는 알 수 없다. 아마도 송광사를 방문한 이들이 입에서 입으로 전하면서 만들어진 표현이라고 할 수 있을 것이다. 첫 번째 명물인 능견난사는 송광사에서 음식을 담을 때 사용하던 그릇이다. 원래 500점 정도 있었다고 하는데, 현재는 30여 점이 전해져오고 있다. 능견난사의 제작 기법은 특이해서 그릇의 크기가 위로 포개도 맞고 아래로 맞춰도 딱 들어맞는다. 지금은 공장 제작으로 크기가 일정한 그릇을 만드는 일이 대수롭지 않게 되었지만, 수백 년 전에 수공업으로 똑같은 크기의 그릇을 500개나 제작했다고 생각해 보자. 사찰에 전해져오는 이야기에 따르면, 조선의 제19대 왕인 숙종이 이를 기이하게 여겨 "눈으로 볼 수는 있어도 만들기는 어렵다"라는 의미로 '능견난사(能見難思)'라는 이름을 내렸다고 한다. 제작 기술에 대한 극찬인 것이다.

두 번째 명물인 쌍향수는 조계산 암자인 천자암의 뒤뜰에서 있는 두 그루 향나무를 말한다. 천연기념물 제88호인 쌍향수는 나무 전체가 엿가락처럼 꼬여있고 가지가 모두 땅을 향해 내리뻗쳐 있어서 신비로운 모습을 자아내고 있다. 이 두 그루의 향나무를 한 번씩 흔들면 극락에 갈 수 있다는 전설이 있어서 한때 나무를 만져보기 위해 많은 사람이 몰려들기도 했다. 현재는 나무의 훼손을 방지하기 위한 보호시설이 설치되어 있다. 전설에 따르면, 보조국사와 그의 제자인 담당국사가 천자암에 오를 때 나란히 꽂은 지팡이가 쌍향수로 자라났다고 한다. 담당국사는 보조국사가 중국에서 불경 공부를 하던 중 제자로 삼은 금나라 왕자로서 송광사의 16 국사 중 제9대 국사를 지낸 인물이다. 천자암은 그가 만든 암자. 사람들은 두 그루의 향나무가 나란히 서 있는 모습이 마치 제자가 스승에게 공손히 절하는 모습과 같다고 이야기하기도 한다. 사실 승려의 지팡이와 관련된 설화는 전국 사찰 곳곳에 전해져 오고 있다. 어떻게 보면 지팡이 설화는 외래 종교인 불교가 민간 신앙과의 접합을 통해 토착화된 흔적을 보여주는 대표적인 사례라 할 수 있다. 이는 동시에 송광사의 신성성을 부각해 주는 장치이자 일종의 성지를 이루는 경관이라 할 수 있다.

마지막 명물인 비사리구시는 함께 나누고자 하는 사찰의 넉넉함을 느낄 수 있는 문화재다. 여기서 말하는 비사리는 나

쌍향수 쌍향수는 송광사에서 선암사로 넘어가는 길을 따라 약 3.4km 정도 떨어진 천자암의 뒤뜰에 있다. 쌍향수의 수종(樹種)은 곱향나무로서 주로 중국과 백두산 일대에 한정적으로 자생하는 나무로 알려져 있다. 그런 점에서 천자암의 쌍향수는 이남 지역에서 유일하게 볼 수 있는 곱향나무이다.

무의 껍질을 벗긴 싸리나무를 말하고, 구시는 큰 나무나 돌을 길쭉이 파서 만든 구유의 방언이다. 즉, 비사리구시란 싸리나무로 만든 구유를 의미한다. 실제로는 싸리나무가 아니라 느티나무로 제작되었다. 사찰에 큰 행사가 있을 때 밥을 퍼 모아 놓은 큰 그릇이 바로 비사리구시다. 현재 남아있는 송광사의 비사리구시는 승보전 처마 밑에 자리하고 있다. 이 비사리구시는 쌀 일곱 가마에 해당하는 밥을 담을 수 있다고 한다. 쌀 일곱 가마는 무려 약 4천 인분의 밥에 해당한다. 아마도 비사리구시는 조선 후기에 본격적으로 등장한 괘불과 관련이 있는 것 같다. 괘불은 야외공간에 걸어 불교 의례를 확장하는 데 사용되던 의례용 불화이다. 괘불의 길이는 대부분 10m가 넘는다. 비사리구시는 괘불재를 치르면서 수천 명의 식사를 짧은 시간 안에 해결해야 하는 문제를 해결하기 위해 등장했을지도 모른다.

개인적으로는 관음전이 송광사의 제일 명물이라고 생각한다. 송광사는 18세기 중반부터 20세기 초까지 세 차례에 걸쳐 왕실 원당을 만들었다. 왕실 원당이란 사찰 내에 조성된

비사리구시 비사리구시는 송광사의 볼거리 중 하나다. 송광사를 찾아오는 신도들을 공양하기 위한 밥그릇이었다고 하니, 전성기 시절의 위상을 짐작하게 한다.

조선 왕실의 기도처를 가리킨다. 1755년(영조 31)에는 영조의 어머니를 위한 원당이 지어졌고, 1886년(고종 23)에는 고종·민비·세자(후일 순종)의 탄생을 축원하는 축성전이 건립되었다. 그리고 1903년에는 고종의 만수무강과 안녕을 비는 성수전이 만들어졌다. 유독 송광사는 고종과 매우 깊은 인연을 맺어왔음을 알 수 있다. 이 성수전은 1957년에 관음전으로 바뀌었다. 재미있는 사실은 관음전 안에 그려진 태양과 달이 각각 고종과 민비를 상징하고 있다는 점이다. 그리고 내부 벽화에는 문신들이 허리를 굽히고 불단을 향해 서 있다. 관음전의 처마 끝에 빙 둘러 새겨진 바다 해(海)와 물 수(水) 자도 눈여겨보자. 관음전의 천정에는 물고기와 게를 조각해 붙여놓았다. 선암사의 사례에서 봤듯이 모두 불을 막기 위해 만든 조치였다.

조선불교의 등불을 밝히다

송광사의 역사는 한국 불교의 역사를 압축적으로 보여준다. 그야말로 한국 불교사의 축소판이라 할 수 있다. 고려 중기는 불교계가 선종과 교종의 대립으로 혼란을 빚던 시기였다. 이를 두고 볼 수 없었던 보조국사 지눌은 정혜결사를 만들어 불교 개혁 운동을 펼쳐나갔다. 이때 송광사는 정혜결사의 근거지가 되면서 한국 불교의 중심으로 부상했다. 한국 불교사의 흐름을 바꿔놓은 불교 개혁 운동의 한복판에 송광사가 있었다. 이를 계기로 송광사의 사찰명은 길상사에서 수선사로 바뀌었다.

송광사가 보유한 문화재는 어마어마하다. 송광사가 소장한 유물 가운데 국보만 4점이고 보물이 28점이다. 중요한 사실은 송광사가 풍부한 역사적 유산을 보유했어도 결코 과거에 머물지 않았다는 점이다. 몇 가지 사례를 살펴보자. 먼저, 송광사는 1909년에 보명학교를 세워 지역의 인재 양성에 앞장섰다. 1922년에는 벌교에 마련해 둔 포교당을 가지고 일종의 야학교인 송명사숙을 만들었다. 당시 전남에는 송광사 외에도 선암사(승선학교), 화엄사(신명학교), 대둔사(대흥학교), 백양사(광성의숙)가 근대식 학교를 세워 교육 운동을 전개하고 있었다.

또한, 송광사는 강제 병합 이후 조선 불교계가 나아가야 할 방향을 제시했다. 이때는 조선의 불교계가 일본 불교로 종속되어 가던 시기였다. 당시 조동종(曹洞宗)이라는 종파가 일본 불교계의 주류를 이루었으므로 조선 불교계는 자신들의 정체성을 지키기 위해 반(反)조동종 운동을 전개했다. 반조동종 운동의 구체적인 움직임은 1911년 1월 송광사에 결성된 임제종(臨濟宗)으로 나타났다. 임제종은 송광사에 임시종무원을 두기로 하고, 선암사의 김경운 스님을 관장으로 선출했다. 비록 임제종은 출범한 지 1년여 만에 해체되고 말았으나 이후에 전개될 불교 개혁 운동에 이념적 기반을 제공했다.

해방 이후 송광사는 선구자의 길을 달렸다. 이를테면 1969년 송광사는 신도 조직인 불일회를 결성하는 일에 앞장섰다. 1970~80년대에 신도 조직을 만든 사찰은 송광사밖에 없었다. 이는 송광사가 외부의 지원 없이 신도들 힘으로 어려운 일들을 헤쳐 나갈 수 있었던 힘으로 작용했다. 오늘날 수많은 사람이 찾는 템플스테이도 송광사가 제일 먼저 기획한 프로그램이었다. 1971년 송광사는 출가자 못지않게 재가자들의 교육도 중요하다고 여겨 재가자 수련회를 열었다. 당시에는 재가자들이 사찰에서 여러 날을 묵으면서 출가자의 준하는 수행을 받고 공부를 한다는 건 생각하기 힘든 일이었다. 송광사 스님들이 구상한 신선한 발상은 템플스테이의 효시를 이루었다. 1973년에 송광사가 초파일을 맞아 개설한 국제선원은 한국 불교의 세계화에 큰 영향을 미쳤다.

불타버린 사찰 그리고 복구

시련도 있었다. 한국전쟁 시기인 1951년에 송광사는 대웅전을 비롯하여 20여 개의 건물들을 화재로 잃어버린 것이다. 사건의 경과는 다음과 같다. 1951년 봄, 국군은 산속에 숨은 빨치산들을 대대적으로 토벌하고자 송광사 일대의 울창한 나무들을 불 지르기 시작했다. 빨치산들의 은신처를 없애버리기 위한 토벌 작전이었다. 공교롭게도 이때는 음력 4월 초순, 즉 석가모니의 탄생을 기념하는 초파일 직전이었다. 그 후 5~6년이 지나도록 송광사에는 스님들의 발길이 뚝 끊겼다. 천년고찰인 송광사는 하루아침에 폐허가 되고 말았다.

한국전쟁 때 불탄 사찰은 송광사뿐만 아니었다. 시기는 조금씩 다르지만, 광주 무등산의 증심사, 함평 불갑산의 용천사, 보성 천봉산의 대원사, 곡성 동리산의 태안사 등도 불타버렸다. 이 절들은 대체로 빨치산의 주요 활동근거지인 산악지역에 있었다는 지리적 공통점을 지녔다. 그래서 산악지역에 대한 본격적인 토벌 작전이 벌어지는 1951년 상반기에 화재가 집중적으로 일어났다.

폐허가 된 송광사에 스님들이 다시 돌아오기 시작한 건 1955년부터였다. 송광사 스님들은 마음을 모아 기금을 마련하고 복구에 나섰다. 흥미로운 점은 송광사가 복구 공사를 시작할 때 사찰보다 박물관을 먼저 지었다는 사실이다. 스님들에게 유물은 단순한 문화재가 아니었다. 그것은 옛 스님들의

1981년 송광사 국제선원 1981년 송광사 국제선원에 머물고 있던 외국인 승려들의 모습이다. 오른쪽에서 두 번째는 1973년부터 세 차례에 걸쳐 송광사 주지를 지냈던 보성 스님(1928~2019)이다. (출처: 불교기록문화유산 아카이브)

체취와 얼이 고스란히 담겨 있는 송광사의 정신이었다. 그래서 스님들은 송광사의 정신을 지키기 위해 박물관을 제일 먼저 복구했다. 사실 송광사의 성보박물관은 유서가 깊다. 이미 일제강점기에 전시시설과 연구시설을 갖춘 박물관으로 존재했으니 말이다. 송광사의 성보박물관이 사찰박물관의 효시라고 할 수 있는 이유이다. 지금까지 성보박물관은 탱화, 전적, 옛 사진, 국사 관련 유물 등 수십 회의 특별전을 열어 호남 불교의 역사를 알리기 위해 노력했다.

그다음으로 송광사는 대웅전을 비롯하여 종고각, 명부전,

응향각 등을 하나둘 건립했다. 폐허가 되는 건 한순간이었지만 건물을 다시 세우는 일은 적지 않은 세월이 걸렸다. 특히 1983년부터 1988년까지 송광사는 매일 공사장이나 다름이 없는 시간을 보내야 했다. 1959년에 급하게 복원한 대웅전을 석가모니불, 10대 제자, 16나한상, 1,250명의 작은 스님 상을 빽빽하게 모신 승보전으로 바꾼 것도 이때였다. 그다음으로는 지장보살을 모시는 지장전을 완공했다. 보통 지장전은 어둡고 좁은 공간 양식을 추구하는데, 새로 지은 송광사의 지장전은 장중하고 밝은 느낌을 주는 건물로 재탄생했다.

송광사 대웅전의 앞마당은 전국 사찰 중에서 가장 넓은 터를 자랑한다. 큼직한 대웅전에 걸맞게 앞마당이 시원하게 자리 잡고 있다. 그래서 송광사 앞마당에는 종종 대형 법회가 열리곤 한다. 이처럼 앞마당이 넓게 자리한 이유는 1980년대 복원 공사의 과정에서 대웅전 앞에 고려 시대의 석축열이 나왔기 때문이다. 송광사는 옛 건물지 복원을 후대에 넘기기로 하고 땅을 덮었다. 덕분에 송광사의 앞마당은 여느 절과 비교할 수 없을 만큼 드넓고 정결한 곳이 될 수 있었다. 눈을 들어보면 조계산 자락이 감싸안을 듯 펼쳐져 있다. 각 전마다 피어오르는 향과 적막을 깨뜨리며 울려 퍼지는 은은한 목탁 소리, 그리고 경내를 오가는 스님네들의 모습은 한데 어우러져서 한없이 경건한 기운을 느끼게 한다. 여기에 조계산 계곡의 물 흐르는 소리가 더해져서 송광사의 고즈넉한 풍경을 만든다. 선선한 바람을 따라서 송광사를 방문해 보는 건 어떨까.

21

주암호와 망향비
물에 잠긴 고향을 그리워하다

우리나라에서 댐이 본격적으로 만들어지기 시작한 시기는 1960년대부터였다. 이때는 박정희 정권이 국토개발을 명분으로 삼아 대규모 댐의 건설을 추진한 시기였다. 전라남도에서는 우리나라 다목적 댐의 효시를 이루는 섬진강 댐을 필두로 장성댐, 나주댐, 담양댐, 광주댐 등이 만들어졌다. 그 일환으로 1992년 12월에 완공된 주암댐은 전라남도의 9개 시군에 식수와 공업용수를 공급하기 위해 지어진 다목적 댐이다.

대규모 댐의 조성은 거대한 인공호수의 등장을 수반한다. 그리고 이 인공호수는 새로운 관광명소로 각광을 받는 경우가 많다. 주암댐 건설로 조성된 주암호도 마찬가지다. 전라남도에서 최대 규모를 자랑하는 주암호는 새로운 나들이 명소로 주목을 받았다. 주암호의 드넓은 호수를 따라서 이어진 도로는 드라이브 코스로 제격이기 때문이다. 특히 주암호 일대의 벚꽃길은 봄의 정취를 만끽하기에 더없이 좋은 곳이다. 주암호 나들이를 왔다면 민물고기 매운탕 맛도 빠질 수 없다. 광주, 벌교, 송광사를 이어주는 곡천 삼거리는 한때 매운탕으로 유명한 곳이었다.

수몰 이주민의 탄생

그런데 주암호 곳곳을 자세히 살펴보면 물속에 잠긴 고향을 기리는 기념물들을 어렵지 않게 마주할 수 있다. 기념물의 명칭은 망향비, 실향비, 수몰마을비 등 매우 다양하다. 빗돌에 새겨진 사연들은 고향을 물에 묻고 객지로 떠나야 했던 수몰 이주민들의 역사와 아픔을 담고 있다. 수몰 이주민이란 댐 건설로 생활의 터전을 버려야 했던 실향민을 의미한다. 북한에서 남한으로 넘어온 월남민이 남북분단이라는 이념적 갈등으로 인해 생겨난 실향민이라면, 수몰 이주민은 국토개발이라는 핑계로 고향을 빼앗긴 사람들이다. 주암댐 건설로 생겨난 수몰 이주민의 숫자는 1만 2천 명에 이른다. 이 중에서 순천의 수몰 이주민은 거주 지역에 따라 송광면, 상사면, 주암면,

승주읍으로 나눌 수 있는데, 송광면의 수몰 이주민이 제일 많다. 그래서 주암호를 '송광호'로 불러야 한다고 주장하는 경우가 있기도 하다.

고향을 떠난다는 건 결코 쉬운 일이 아니다. 특히 자의가 아니라 타의로 이루어지는 일이라면 더더욱 그렇다. 삶의 터전을 잃어버린 상실감과 정든 사람들과 헤어져야 한다는 서러움, 그리고 낯선 땅에서 살아가야 하는 막막함 등을 감내해야 하는 일이기 때문이다. 이런 그들에게 주어진 선택지는 두 개밖에 없었다. 하나는 이주정착금이라는 명목으로 지급되는 보상금을 밑천으로 삼아 도시로 가는 것이다. 그런데 보상금

주암댐 전경 주암댐은 광주·전남 일대의 용수난을 해소하고, 홍수 조절과 수력 발전을 위해 지어진 시설물이다. 주암댐은 크게 본댐과 조절지댐(상사댐)으로 이루어져 있다. 그리고 이 두 댐은 도수터널로 연결되어 있다. 사진은 주암면 광천리에 있는 본댐의 전경이다.

을 받더라도 농가 부채를 갚고 이것저것을 제하면 손에 남는 돈은 별로 없었다. 서울이나 도시에서 조그만 구멍가게 하나를 차리려고 해도 도저히 불가능했다. 할 수 없이 이들은 날품팔이 신세로 하루 벌어 하루를 버텨야 했다. 먹고 살 일이 막막해서 고향에 다시 돌아와도 처지는 매한가지였다.

도시에 적응하지 못해 고향 주변으로 돌아온 수몰 이주민들의 애환은 문순태 작가가 쓴 「징소리」(1978)에서 잘 묘사되어 있다. 이 작품은 전남 장성댐 수몰 이주민의 이야기를 고향과 아내를 잃고 미쳐버린 허칠복이란 인물을 통해 생생하게 묘사하고 있기 때문이다. 「징소리」는 물에 잠긴 고향과 수몰

이주민의 삶, 그리고 고향 상실의 아픔을 다루었다는 점에서 수몰 문학의 전형을 보여주고 있다고 할 수 있다. 필자도 지인의 추천으로 「징소리」를 읽으면서 수몰 이주민이 겪어야 했던 아픔의 단면을 조금이나마 알 수 있었다.

수몰 이주민에게 주어진 다른 선택지는 수몰된 마을의 주변으로 집단이주를 하는 것이다. 이때 수몰 이주민의 정착을 위한 집단이주 단지가 만들어졌다. 주암댐 근처의 마을 중에서는 이런 곳이 적지 않다. 예를 들어 순천시 상사면에 있는 용계마을은 수몰 이주민의 집단이주로 조성된 동네로 이주 기념비가 세워져 있다. 그런데 국가기록원의 자료에 따르면 수몰 이주민은 집단이주를 희망하면 보상금을 포기해야 했다. 심지어는 집단이주의 방침에 따르지 않을 경우 손해배상과 의법 조치를 감수하겠다는 각서까지 제출해야 했다. 고향을 떠나야 하는 이들에게 주어진 선택지치곤 너무 빡빡하다는 느낌이 들었다. 이렇게 이들은 다시 돌아갈 고향을 영영 잃어버린 실향민이 되고 말았다.

물에 잠긴 고향을 기록하다

도시의 삶은 이주가 기본이지만, 농촌의 삶은 특별한 경우가 아니고서야 고향을 떠나는 일이 흔치 않았다. 조상과 마찬가지로 자신들도 고향에 뿌리내리고 살다가 뼈를 묻게 될 것으로 믿고 있던 사람들이 갑작스럽게 고향을 떠나야 한다는 통보를 받는 심정은 어땠을까. 고향이 물에 잠겨 떠날 수밖에 없는 현실에서 수몰 이주민의 허탈감과 절망감은 클 수밖에 없었다. 물에 잠긴 건 집이라는 공간만이 아니었다. 수몰은 농촌 고유의 공동체적 삶마저 삼켜버렸다. 수몰 이주민이 잃어버린 건 자신이 태어나고 자란 공간적 의미의 고향뿐만 아니라 자신이 겪어 온 역사, 문화, 정서, 인간관계, 공동체까지도 포함하기 때문이다. 고향을 물속에 묻고 낯선 곳으로 떠난 그들은 도시에서 먼지처럼 흔적도 없이 사라져 버렸다.

그렇다고 고향을 그리워하지 말라는 법은 없었다. 수몰 이주민들은 실향의 아픔을 달랠 수 있는 상징적인 공간들을 만들기 시작했다. 그 이유로 송광면의 수몰 이주민들은 망향각공원을 세워 매년 10월 3일 면민의 날에 망향제를 지내고 있다. 1994년 11월에 준공된 망향각공원은 물에 잠긴 고향을 기리기 위한 기억의 공간이다. 2010년에는 주암댐 축조로 인해 흩어져 있던 각종 기념물을 망향각공원으로 한데 모았다. 예를 들면, 대한제국 시기에 초대 전라남도 관찰사를 지낸 윤웅렬(1840~1911)의 공덕비가 있다. 그는 1910년에 일제로부터 남작 지위를 받은 까닭에 친일파 논란에 자유롭지 못한 인물이기도 하다. 몇 년 전 광주공원에 세워진 그의 선정비를 둘러싸고 과거사 청산 시비가 불거진 이유이다. 그 밖에도 망향각공원에는 순천부사를 지낸 지방관들의 선정비 등이 나란히 서 있다.

개인적으로는 망향각 주변에 세워진 수몰마을 안내판이 인상 깊었다. 이 안내판들은 수몰로 사라져 버린 송광면의 오봉마을, 오미실마을, 낙수마을, 고대·금평마을, 대곡마을, 도룡마을, 외우산·외장마을, 추동마을, 토수마을, 내우산마을, 용수·반월마을, 사비마을, 곡천마을, 고부마을, 삭시마을, 봉천·죽산마을의 유래와 이주 과정 등을 간략하게 소개하고 있다. 이는 망향각공원을 찾아온 이들에게 수몰마을의 지명과 역사를 알리는 동시에 고향을 기리는 의례적 장치라고 할 수 있다. 흥미로운 건 망향각 뒤편에 수준점이 자리하고 있다는 사실이다. 수준점이란 국토의

망향각 내의 수몰마을 안내판 주암호 물길을 따라 수몰 이주민들이 세운 상징적인 공간이나 기념물이 곳곳에 세워져 있다. 망향각은 물속에 고향을 잃어버린 수몰 이주민들의 애환을 느낄 수 있는 공간이다.

높이를 측량하기 위해 국토해양부가 설치한 시설을 말한다. 해발고도를 재기 위한 측량기준점이 수몰마을 안내판 틈에 끼어 있다는 사실에 씁쓸한 감정이 들었다.

수몰은 예기치 못한 방향으로 흘렀다. 물에 잠긴 고향에 대한 그리움을 표현하기 위해 마을의 역사를 기록한 분이 등장한 것이다. 그분은 바로 고(故) 진인호 선생(1939~2012)이다. 진인호 선생은 자신의 고향이 주암댐 건설로 물에 잠기기 전에 고향의 역사와 문화를 기록해야겠다는 마음을 먹고 작업에 나섰다. 중학교 국어 교사인 그는 1983년부터 4년간 주말과 방학을 틈타 한마을 한마을씩 방문하면서 그 마을의 역사, 경관, 유적, 전설, 풍속, 지명 등을 수집해 나갔다. 밀짚모자를 눌러쓴 채 이곳저곳을 누비는 그의 모습을 간첩으로 오해하는 경우도 있었다. 이런저런 우여곡절 끝에 1986년에 출간된 『송광향지』는 그야말로 발로 쓴 책이라고 할 수 있다. 이후 그는 순천의 역사를 하나씩 정리하는 작업에 착수했다. 그가 생전에 펴낸 『승주문헌집』과 『승주문헌해설집』 등은 순천의 역사를 살펴보는 데 반드시 참조해야 하는 책이다.

고인돌 공원을 만들다

수몰로 인해 떠나야 했던 건 사람뿐만이 아니었다. 1980년대 중후반 10여 개 대학의 박물관 팀이 주암댐 수몰 예정지를 발굴해서 어마어마한 양의 유적과 유물을 발견한 적이 있었다. 이때의 발굴로 순천에서만 201기의 고인돌이 확인되었다. 1986년부터 1989년까지 실시된 발굴 조사는 순천 지역의 선사 문화를 파악하는 데 아주 중요한 데이터베이스를 이루고 있다. 이는 영산강 유역에 치중되었던 전남 지역의 고고학이 동부권으로 확장되는 계기를 마련했다. 다만 안타까운 건 순천 지역에서 유적 조사가 정말 많이 이루어졌음에도 불구하고, 그 내용들이 일반 시민들에게 잘 알려지지 못하고 있다는 점이다.

여하튼 주암댐 수몰 예정지에서 이루어진 발굴 조사를 통해 학술적으로 가치가 있는 유적지가 세상에 알려지기 시작했다. 무엇보다 중석기 시대의 유적과 청동기 시대의 대규모 집단 거주지를 발견한 건 엄청난 수확이었다. 전자에 해당하는 우산리 곡천 유적은 구석기와 신석기 사이의 공백을 메워준다는 점에서 의의가 있고, 후자에 해당하는 대곡리 도롱 유적은 고대 국가의 농경 취락 실태를 파악할 수 있는 자료라는 점에서 의미가 깊다. 당시 신문들은 주암댐 수몰 예정지에서 발견되고 있는 고고학 발굴 성과를 보도하기에 바빴다.

문제는 발굴된 고인돌의 처리였다. 주암댐 수몰 예정지에

고인돌 공원 고인돌 공원은 크게 야외전시장과 유물전시관, 그리고 묘제전시관으로 구성되어 있다. 이와 별도로 체험 프로그램을 운영하기 위한 도자기체험관이 마련되어 있다. 사진은 1986~87년에 전남대학교 박물관이 송광면 우산리 내우마을에서 발굴한 고인돌들을 공원으로 이전한 것이다.

서 조사된 고인돌을 모두 물속에 잠기도록 버려둘 수 없는 노릇이다. 그렇다고 수백 개의 고인돌을 한곳에 보관한다는 것도 결코 쉬운 일이 아니었다. 여러 가지 논의 끝에 주암댐 수몰 지역 근처에 고인돌 공원을 새롭게 조성하기로 했다. 그 결과 주암댐 수몰 예정지에서 발굴 조사된 348기의 고인돌 중에서 99기를 선정하여 이전 복원하기로 했다. 순천시 송광면 우산리에 일종의 테마 공원인 고인돌 공원이 만들어진 이유다.

고인돌 공원은 대규모 다목적 댐을 만드는 과정에서 발견한 선사시대 유적들을 수장하기만 했던 기존의 관례를 깼다는 점에서 의미가 있다. 이는 대단위 유적 발굴이 발굴만으로 끝나지 않고 더 발전적으로 나아가려는 노력이 있었기에 가능했다. 그러나 애초의 기대와 달리 고인돌 공원 안에 복원된 고인돌들은 단순한 돌밭에 불과하다는 인상을 주기에 충분하다. 원래의 위치에 벗어남에 따라 각각의 고인돌들이 가지고 있는 의미들이 축소된 것이다. 고인돌 공원은 국내 최초로 수몰 지역 내의 고인돌들을 이전 복원한 야외 유적 공원이라는 의의가 있지만, 이제 더 나아가 전남의 선사 문화를 배우고 이해할 수 있는 교육의 장으로 거듭날 필요가 있다.

주암호 물길 답사의 추억

주암댐으로 조성된 주암호는 개인적으로도 의미가 있다. 대학원 과정을 끝내고 순천에 왔을 때 처음 취직한 곳은 어느 한 시민단체였다. 이곳에서 맡은 업무는 청소년 사업이었고, 1년 중 가장 중요한 행사가 주암호 물길 답사였다. 이 행사는 6박 7일 동안 100명 전후의 인원들이 주암호를 따라 120km를 걷는 국토대장정 프로그램이었다. 참여자들은 초등학생 5~6학년부터 고등학생 3학년까지 다양했다. 하루에 대략 15km에서 25km 사이를 걸으며 주암호 일대를 돌았다. 덕분에 나는 주암호 주변의 풍경들을 몸으로 느끼고 경험할 수 있었다. 주암호 물길 답사를 통해 일종의 장소감을 형성할 수 있었다.

주암호를 걸으면서 가장 기억에 남는 건 태풍이 오는 날의 행군이었다. 그날은 일정상 조계산을 넘어야 하는 날이었는데, 공교롭게도 순천이 태풍의 직접 영향권에 들어왔다. 무지막지하게 내리는 비바람에 100명의 인원을 이끌고 산을 탄다는 건 너무 무모했다. 할 수 없이 조계산을 오르지 않고 관광버스 두 대를 빌려 선암사 입구까지 이동했다. 선암사 입구에서 내려 숙소까지 이르는 최단 코스만 걸었는데도 모자가 날리고 우비가 찢어지는 일이 벌어졌다. 지금이라면 바로 그냥 숙소로 갔을 텐데, 그때는 조금이라도 걸어야 한다는 생각에 무모한 시도를 했던 것 같다.

하이라이트는 이날의 밤이었다. 주암호 물길 답사에서 맞이하는 마지막 밤이었다. 아기자기한 초등학교 분교의 강당에서 주암호 물길 답사의 스텝과 참여자들이 옹기종기 모여 앉아 웃고 놀았다. 비바람이 몰아치고 있는 상황에서 우리는 조마다 준비한 장기 자랑을 즐겼다. 망가지기로 결심하고 선보인 대장의 차력 쇼를 기억하는 참가자들이 있으리라고 생각한다. 모든 순서가 끝나고 각자가 입은 단체복에 마음을 담은 한마디씩을 써주는 순서도 있었다. 이날의 밤은 모두의 마음을 풍성하게 만들어주기에 충분했다.

주암호 물길 답사의 취지는 점점 사라져가는 흙길을 직접 밟아보고 물길을 따라 걸으며 물의 소중함을 깨닫는 데 있었다. 6박 7일간 부모님과 떨어져 지내는 만큼 아이들의 독립심을 키운다는 의도도 있었을 것이다. 내가 망향비를 처음 보게 된 건 주암호 물길 답사 때였다. 참여자들과 함께 주암호 주변을 걸으며 곳곳에 세워진 망향비를 마주했던 것이다. 주암댐 수몰의 역사를 처음 알게 된 순간이었다. 그런데 이때만 해도 주암호에 얽힌 수많은 수몰 이주민의 애환이 얼마나 처절했었는지 몰랐다. 아쉬운 점은 그 당시 참여자들에게 물에 쫓겨나 고향을 등져야 했던 이들에 관한 이야기를 하지 못한 것이다. 하긴 그때만 해도 나도 잘 몰랐던 내용이었으니까. 만약 주암호 물길 답사에서 수몰민에 대해 이야기하게 된다면 조금 더 의미 있는 행사가 되지 않았을까. 가끔 주암호 물길 답사를 추억할 때마다 드는 생각이다.

22

와온 해변과 화포 해변
황홀한 해넘이와 장엄한 해돋이

해가 질 무렵에 찾아간 와온 해변의 풍경은 매우 아름답기로 유명하다. 노랗게 물든 갯벌과 마지막 힘을 다해 불타오르는 태양의 오묘한 조화 속에 물 빠진 포구에 쉬고 있는 배들, 반짝반짝하는 윤슬, 삼삼오오 떼 지어 날아다니는 백로들이 눈앞에서 펼쳐지기 때문이다. 그러자 온 세상을 노을로 물든 붉은 빛은 더해가는 듯싶더니 거짓말같이 어둠에 숨어버린다. 와온의 낙조는 짧기에 깊은 감동만큼 아쉬움을 길게 드리운다.

뻘배 타는 사람들
와온은 순천시와 여수시 경계에 있는 해변 마을이다. 정확하

와온 일몰 와온 해변은 노을로 유명하다. 드넓게 펼쳐진 갯벌 위로 붉게 물든 풍경은 와온 해변을 사랑하게 만드는 힘이 있다. (출처: 김주은 제공)

게는 해룡면 상내리에 속한 순천만 연안마을이다. 순천만을 천천히 즐기고 싶다면 갯벌이 지평선처럼 펼쳐져 있는 와온이 적격이다. 와온(臥溫)이라는 지명은 마을의 모습이 마치 산이 누워있는 형태인 데다가 마을 아래에 따듯한 물이 흐른다고 해서 누울 와(臥) 자에 따뜻할 온(溫) 자를 결합한 것이다. 덕분에 와온 마을은 한때 온천을 개발하기 위해 전국 각지에서 몰려온 사람들로 시끌벅적한 적이 있었다.

마을 주민들은 어촌 마을의 특성상 정월 대보름날에 풍어제를 지낸다. 농촌이 풍농을 기원하듯이 어촌은 만선과 안전을 비는 치성을 드리는 것이다. 아무래도 바다는 날씨에 따라 매우 위험해지니까 말이다. 바다를 낀 해변 마을에서는 이러한 풍어제를 어렵지 않게 볼 수 있다. 그리고 매년 마지막 날에는 와온에서 해넘이 축제가 열린다. 낙조의 아름다움을 지켜보면서 한해의 아쉬움을 달래고 새로운 희망 속에 새해를 맞이하기 위해서다.

와온 해변에서 일몰을 보다 보면 눈에 들어오는 아주 작은 섬이 하나 있다. 갯벌 한가운데에 홀로 서있는 사기도(沙器島)다. 묘한 운치가 있는 이 섬은 별명이 많다. 학이 납작 엎드린 모양을 닮았다고 해서 '학섬'이라고도 하고, 밥상을 엎어놓은 것 같다고 해서 '상(床)섬'이라고도 한다. 아니면 누군가 싸

뻘배 타는 사람들 순천만의 갯벌은 뻘배를 타지 않는 한 늪처럼 빠져들어 한 발짝도 움직일 수 없는 삶의 터전이다. 순천만 갯벌의 어머니들이 시집을 오자마자 가장 먼저 익혀야 했던 것은 뻘배 타는 법이었다. 일평생 한쪽 다리를 나무판에 올리고 나머지 한쪽 다리로 갯벌 바닥을 밀며 가족들을 먹여 살렸던 가장들이다.

놓은 똥처럼 보인다고 해서 '똥섬'으로 부른다. 별명이 많다는 건 그만큼 지역 주민들의 관심을 받고 있다는 이야기다. 예전에는 섬 안에 주막이 있어서 뻘배를 타고 갯벌에 나갔던 어부들이 이곳에서 목을 축이고 집으로 돌아갔다고 한다. 지금은 아무도 살지 않는 무인도다. 바닷물이 밀려드는 만조 때면 왜가리와 민물가마우지 등이 잠깐 쉬었다 가는 물새의 중간 기착지가 되기도 한다.

뻘배란 여느 배와 달리 물 위가 아니라 갯벌 위를 다니기 위해 만들어진 독특한 모양의 배를 말한다. 현지에서는 '널'이라고 한다. 뻘배는 폭이 60센티미터 정도에 길이가 2미터가량 되는 삼나무 판자로 만든다. 순천만의 갯벌은 진흙이 대부분인 펄 갯벌이라서 그냥 걸어 다닐 수가 없다. 천근만근 다리를 붙드는 뻘 구덩이에 빠지지 않으려는 방법이 필요했다. 그래서 순천만 주민들은 가볍고 물을 빨아들이지 않는 삼나무로 뻘배라는 이동 수단을 고안해 냈다. 뻘배는 외형이 단순해 보이지만 타는 요령이 만만치 않다. 한쪽 다리는 구부려 배 위에 놓고 다른 한쪽 다리로 갯벌을 차며 나아가야 하는데, 뻘배를 처음 타는 사람은 앞으로 나아가기가 쉽지 않을뿐더러 가고자 하는 방향을 잡기가 매우 어렵기 때문이다.

이곳 주민들은 한평생 뻘배를 타고 갯벌 위를 돌아다니며 수도 없는 길을 만들어냈다. 이들에게 뻘배는 최고 소득원인 꼬막을 채취하는 데 없어서는 안 될 운송수단이다. 꼬막은 크게 참꼬막과 새꼬막, 그리고 피꼬막으로 나눈다. 참꼬막이 비교적 얕은 바다에서 자란다면 새꼬막은 보다 깊은 데서 서식한다. 옛날에는 참꼬막을 채취하는 과정에서 간간이 섞여 잡힌 새꼬막을 먹는 정도에 그쳤다. 그러다 와온 마을은 1972년에 새꼬막 양식을 성공시키면서 전국에서 가장 많은 새꼬막을 생산하는 어장으로 발달했다. 새꼬막은 겨울이 제철인 계절의 별미다. 새꼬막을 요리하는 건 간단하면서도 결코 쉽지 않다. 요리의 성패는 새꼬막을 '알맞게' 익히는 데 있기 때문이다. 즉, 절대 푹 익혀서는 제맛을 내지 못한다. 이러한 과정을 거쳐 만든 새꼬막 요리는 별미 중의 별미다. 회무침으로 먹어도 좋고, 된장찌개로 끓여서 먹어도 맛있다.

책방 심다의 팝업스토어, 와온 책방

와온의 명물은 일몰과 뻘배뿐만이 아니다. 최근 와온에는 2013년식 다마스를 몰고 주말에만 나타나는 보부상들이 있다. 2021년 7월 31일에 정식으로 문을 연 와온 책방이다. 와온 책방은 와온 해변이 따듯한 노을빛으로 물들어 갈 무렵에만 만날 수 있는 서점이다. 주말마다 해 질 무렵에 문을 열고 노을이 모두 내리면 닫는 서점이니까. 그래서 와온 책방은 일몰에 더욱 빛나는 서점이다. 일몰 여행의 마무리는 와온 해변에 자리한 와온 책방과 함께 해보는 게 어떨까.

와온 책방의 주인장은 2016년 2월에 역전시장 입구에서 독립서점을 차린 책방 '심다'네 부부다. 이들은 책방 심다를 차리기 전부터 와온을 좋아했었다. 책방을 하고 난 이후에는 점점 더 와온에 서점을 차리고 싶어 했다고 한다. 하지만 2019년과 2020년에 와온을 오가며 장소를 물색해 봤지만, 마땅한 자리를 찾기가 쉽지 않았다. 그러다 북 다마스의 강연을 들고 이동책방 형식의 팝업 서점을 열기로 했다. 북 다마스는 다마스에 책을 싣고 제주 전역을 다니며 책을 파는 이동식 책방의 이름이다. 책방 심다의 이동형 팝업스토어인 와온 책방이 탄생하는 순간이다.

이곳을 찾는 건 간단하다. 네비게이션에 '와온 슈퍼'를 검색하고 길을 나서자. 그리고 도착한 와온 해변을 둘러보면 와온 슈퍼 근처에 좌판을 깔고 우쿨렐레를 연주하고 있는 책방 주인장을 찾을 수가 있다. 와온 책방의 가장 큰 매력은 생각지

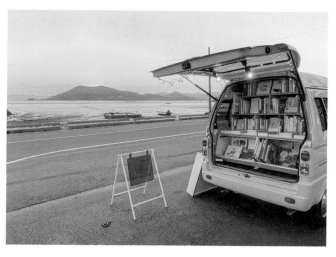

와온 책방 노란색 북 다마스가 달리며 펼치는 와온 책방은 책방 심다의 팝업스토어이다. 지금은 와온 책방과 어울리는 곳이라면 어디든 출동하고 있다. 의외의 장소에서 와온 책방을 마주칠지 모르니 항상 책을 살 준비를 하자. (출처: 김주은 제공)

도 못한 여행지에서 책을 만나는 의외의 기쁨이다. 책을 고르기 어렵다면 책의 키워드만 뽑아놓고 내용물을 보이지 않게 포장한 블라인드 북을 구매해 보자. 사랑하는 이에게 선물하기로도 좋은 아이템이다. 책을 구경하다가 출출하면 와온 슈퍼에서 해물라면을 먹어보는 걸 추천한다. 와온 슈퍼의 해물라면은 와온의 바다에서 건져 올린 꽃게로 만든 명물이다.

책방 심다네 부부와는 인연이 깊다. 비슷한 시기에 순천에서 각각 독립서점을 차린 동종업계 종사자로 만난 사이라서 마주칠 일이 많았다. 주변에서 쭉 지켜본 결과 책방 심다네 부부는 정말 부지런하고 열정적인 사람들이다. 책방 심다네 부부가 와온의 길바닥에서 자리를 깔고 책을 판매한다는 소식을 들었을 때는 이들과 정말 잘 어울린다고 생각했었다. 와온 책방 프로젝트는 이제 막 시작되었다. 책방 심다와 와온 책방을 통한 이들의 실험과 도전은 계속되길 바랄 뿐이다.

화포 마을의 갯벌과 짱뚱어

순천만을 두루 감싸고 있는 포구 마을들은 한적하면서도 잔잔한 멋을 풍긴다. 갯벌 위를 뒤덮은 무성한 갈대밭과 한겨울을 나는 철새들, 그리고 아름다운 낙조가 어우러지는 분위기는 참 좋다. 이때 순천만을 머리에 두고 서쪽으로 빠지면 갯벌의 해돋이 명소인 화포 해변이 나온다. 화포의 일출은 와온 낙조의 황홀함에 비견될 정도로 장엄하다. 칠흑처럼 어두운 새벽, 바다 건너 산자락이 붉게 물들이면서 물이 빠져나간 갯벌이 붉게 타오르는 장면을 볼 수 있는 곳이 화포다. 화포 뒤쪽에 있는 봉화산에 오르면 일출을 더 멋지게 감상할 수 있을 뿐만 아니라 저 멀리 고흥 팔영산까지 조망할 수 있다.

지명의 유래는 낭만적이다. 화포 마을 앞 바닷가에는 진달래꽃으로 유명한 꽃등이라는 동산이 있다. 그래서 해마다 봄이 되면 바다에서 바라볼 때 온 마을이 꽃으로 만발한 것 같아 화포(花浦)라 부르게 되었다 한다. 육지가 아니라 바다에서 바라본 마을의 모습을 정체성으로 삼았다는 게 이채롭다. 이와 달리 화포는 일제강점기에 등장한 지명이라고 보는 입장도 있지만, 1872년 순천부 지도에 화포가 나오는 걸로 봐서는 조선 후기부터 사용한 지명이라고 할 수 있다. 1930년경에 한 일본인이 금을 채굴하기 위해 마을 앞 해변의 동굴을 뚫었다는 이야기가 『승주향토지』(1986)라는 책을 통해 전해져오고 있으니, 일제강점기의 여파가 화포까지 미치긴 했지만 말이다.

화포 해변은 2014년에 개봉한 영화 〈순천〉의 주요 무대이기도 하다. 이 작품은 갯벌과 바다를 터전으로 삼고 평생 어부로 살아온 윤우숙 할머니의 억척스러운 삶을 담고 있다. 새벽

화포 일출 별량면 화포는 해돋이 명소로 유명해지면서 새해 첫날마다 해맞이 행사가 열리고 있다. 대형카페와 펜션이 들어서고 있는 와온과 다르게 화포는 갯벌 어촌의 모습을 간직하고 있다. 한적한 바다마을의 여유를 즐기고 싶다면 화포로 가보자.

부터 밤까지 바다와 시장을 오가며 살아가는 윤우숙 할머니의 모습에는 연출로 나올 수 없는 삶의 고단함이 묻어있다. 이 작품은 구수한 전라도 사투리와 아름다운 순천만의 풍광을 잘 다루어서 호평받았다. 순천에서는 정식 개봉일보다 3주나 빨리 볼 수 있었던 걸로 기억한다.

화포 마을은 짱뚱어잡이로 유명한 짱뚱어 마을이다. 툭 튀어나온 눈에 지느러미를 팔처럼 움직이며 뛰어다니는 짱뚱어는 갯벌에 사는 어종이다. 짱뚱어는 아주 깨끗한 갯벌에서만 사는 탓에 현재까지 인공 양식이 불가능하다. 짱뚱어는 갯벌을 펄쩍펄쩍 뛰어다녀서 그물로 잡기가 힘들다. 그래서 등장한 것이 긴 낚싯대에 바늘을 여러 개 매달아 미끼 없이 휘둘러 채서 낚는 홀치기낚시다. 들깻가루와 함께 끓인 후 쑥갓, 미나리, 버섯, 된장, 고사리 등을 곁들여 만든 짱뚱어탕은 겉으로만 볼 때 추어탕과 별 다른 차이가 없지만 특유의 고급스럽고 조신한 맛이 있다. 먹을수록 깊은맛이 배어나는 짱뚱어탕은 순천의 별미 중 하나. 짱뚱어탕 식당이 화포에 여러 군데 있는 이유다.

염생식물의 보고

와온과 화포는 생태적 차원에서도 무궁무진한 곳이다. 보통

식물은 짠물이 있는 곳에서 말라죽기 십상인데 와온과 화포가 자리한 순천만은 소금기가 있는 갯벌에서 살아가는 식물들이 식생을 이루고 있다. 강한 일조량에도 꽃을 틔우고 짠 바닷물을 견뎌내는 강인한 식물들을 염생식물이라고 한다. 소금기가 있는 갯벌에서 자라는 염생식물은 육지 식물과 모양과 색깔이 다르다. 보고에 따르면, 순천만에는 33종의 염생식물이 자생하고 있다고 한다.

순천만의 대표적인 염생식물인 칠면초(七面草)는 1년에 무려 일곱 번이나 색깔이 바뀐다고 해서 붙여진 이름이다. 처음에는 녹색이지만 점차 홍자색으로 변해 순천만 갯벌을 붉게 물들인다. 가을날 황금빛 갈대와 함께 순천만의 신비감을 더해주는 붉은색 군락이 바로 칠면초다. 체내에 소금기가 많아질수록 색깔이 붉어지는 것이다. 순천만의 칠면초 군락은 아마도 국내 최대 규모일 것이다. 화포에서 와온으로 이어지는 남도삼백리길을 걷다 보면 순천만을 붉게 물들이고 있는 칠면초를 만날 수 있다.

염생식물은 갯벌 생태계에 있어서 없어서는 안 될 존재다. 순천만으로 날아온 흑두루미는 칠면초 군락지에 내려앉아 칠면초 뿌리를 섭취하며 갈대숲에서 잠을 자거나 깃털을 다듬는다. 게와 갯지렁이 등을 비롯한 갯벌 생물들은 염생습지에서 서식한다. 이렇게 염생습지는 물새들의 휴식 공간이자 갯벌 생물들의 서식처로서 갯벌 생태계의 중요한 부분을 차지한다. 갈대와 칠면초가 군락을 이루는 와온과 화포는 염생식물의 보고인 셈이다. 더불어 와온과 화포는 순천시가 선정한 순천만의 9경(景)에 해당한다. 와온의 황홀한 해넘이가 7경이라면, 화포의 장엄한 해돋이는 8경이다. 이곳의 일몰과 일출은 계절마다 다양한 풍경을 연출하며 또 다른 순천을 선보인다.

23

신성마을
정유재란의 격전지

신성마을 앞에 펼쳐진 광양만의 갯벌은 한때 주민들에게 부를 안겨다 주었다. 꼬막, 바지락, 석화가 그야말로 꽃처럼 바다에 널려있었다. 그래서 봄마다 광양만의 포구는 제철을 맞이한 굴 껍데기를 까느라 분주했다. 신성마을의 주민들도 봄이 찾아오면 굴 껍데기를 따는 소리에 무지 바빴다. 거기다 광양만은 한때 '어족의 박물관'이라 할 만큼 별의별 물고기가 몰려들던 바다였다. 덕분에 신성마을의 어시장은 한때 문전성시를 이루었다. 대구, 청어, 갈치, 조기, 해삼, 전복 등이 포구 앞의 어시장을 통해 활발하게 거래되었을 정도였다. 이곳에서 객주를 차려 부자가 된 사람도 꽤 있었다고 한다.

그런데 이 천혜의 어장은 1969년부터 가동하기 시작한 여천석유화학단지가 들어서면서 황막한 바다로 변해 버리기 시작했다. 어느 순간 윤택했던 바다는 시름시름 빛을 잃기 시작한 것이다. 바다와 갯벌을 터전으로 살아가던 이들은 공장에 자리를 내주고 몽땅 사라져야 했다. 광양만의 주민들이 조개를 캐고 굴을 따러 다니던 갯벌은 바다의 매립으로 육지가 되어버렸다. 1996년 율촌 산업단지를 조성하기 위해 바다를 메우면서 신성마을은 어촌의 성격을 완전히 잃어버리고 말았다. 순천 시내에서 30분 남짓 차를 타고 신성마을에 도착하면 이곳이 한때 포구이자 갯벌로 번창했다는 사실이 믿어지지 않을 정도다. 한마디로 신성마을의 앞바다는 상전벽해가 아니라 벽해공단의 세월을 보내야 했던 것이다.

순천왜성, 정유재란의 블랙박스

신성마을은 순천시에서 여수시로 향하는 길의 좌측에 있다. 이 마을의 가장 큰 특징은 정유재란의 급박한 전쟁 상황을 한눈에 알아볼 수 있다는 데 있다. 그럴 만도 한 게 이순신 장군을 모신 사당인 충무사가 마을 안에 있고, 얼마 지나지 않는 곳에 순천왜성이 있기 때문이다. 거기다 약 2km 정도 떨어진 곳에는 정유재란 때 조선과 명나라의 연합군이 주둔하던 토

성인 검단산성이 있다. 정유재란이란 임진왜란의 정전회담이 결렬됨에 따라 일본군이 정유년(1597)에 재차 조선을 침공한 사건을 말한다. 한 마을에 이순신 사당과 왜성, 그리고 조명연합군의 주둔 장소가 밀집되어 있다는 건 여기가 정유재란의 격전지였음을 의미한다. 다름 아니라 본국으로 돌아가려는 일본군과 그들을 그냥 보내 주지 않으려는 조명연합군 간에 치열한 공방전이 신성마을 일대에서 벌어졌다.

정유재란의 일차적인 목적은 호남 지역의 장악에 있었다. 이때 일본군의 선봉장인 고니시 유키나가(小西行長)는 1597년 9월부터 12월까지 침략의 교두보로 순천왜성을 만들었다. 이곳은 내륙의 북상이 용이했고, 경상도 해안지역과 인접해 군사 전략상 해륙의 요충지였다. 참고로 임진왜란과 정유재란을 거치면서 만들어진 왜성은 28개에 이른다. 이 중에서 순천왜성은 유일하게 경상도를 벗어나 전라도에 자리한 유적이다. 별칭도 많아서 왜교성(倭橋城), 예교성(曳橋城), 왜성대(倭城臺), 망해대(望海臺) 등으로도 불리었다. 정작 일본에서는 잦은 지진과 인위적 파괴 등으로 인해 온전하게 남아있는 성곽이 많지 않다고 한다. 그런 점에서 한국에 남아있는 왜성은 일본 성곽의 역사를 연구하는 데 중요한 단서를 제공하고 있다. 참으로 역설적이다. 이는 왜성이 임진왜란이 남긴 특수한 산물이라는 데서 기인한다.

　왜교성 전투의 배경은 임진왜란을 일으킨 도요토미 히데요시의 사망에 기인한다. 1598년 8월에 그가 죽자, 일본군은 자기 나라로 돌아갈 준비를 서둘렀다. 이 사실이 알려지면서 조선과 명나라의 연합군은 전략을 방어전에서 추격전으로 바꾸었다. 그리하여 조명연합군은 순천왜성에 주둔하던 고니시 유키나가를 공격하기 위해 수륙 양동작전을 펼쳤다. 그렇게 해서 1598년 9월부터 11월까지 3개국의 수륙연합군이 얽혀 싸운 왜교성 전투가 벌어졌다. 순천왜성에서 이루어진 치열한 전투 상황은 명나라 군대를 따라온 종군 화가가 그린 〈정왜기공도권〉에 세밀하게 묘사되어 있다. 왜교성 전투는 임진왜란의 마지막 싸움인 노량해전으로 이어졌다. 고니시를 구하기 위한 증원군이 일제히 순천왜성으로 향했던 것이다. 이를 간파한 조명연합군은 일본의 증원군을 격파하고자 비밀리에 노량해협으로 이동했다. 노량해전에서 이순신 장군이 적선 50여 척을 격파하고 사망한 일은 잘 알려져 있다.

　순천왜성은 크게 성의 외곽을 둘러싸고 있는 외성(外城)과 성의 중앙인 내성(內城), 그리고 성의 핵심부인 본성(本城)으로 이루어져 있다. 성을 빙 둘러 판 해자는 지금도 남아있다. 해자가 1차 방어선이라면, 외성은 제2의 방어선에 해당한다. 외

순천왜성 정유재란의 격전지였던 순천왜성은 광양만에 접한 나지막한 야산에 있다. 그중에 서 내성 안쪽에 있는 천수대는 순천왜성의 핵심부이다. 위 사진은 일제강점기 천수대를 찍은 것이다. 무성한 수풀 속에서 두 명의 답사자가 천수대 앞에 서 있다. 아래 사진은 복원 사업을 마친 천수대에 초등학생들이 단체답사를 하는 장면이다.

성 입구를 지나 조금 더 들어가면 나오는 내성은 순천왜성의 최종 방어선이다. 이곳을 답사하면 놀라움을 금치 못한다. 그도 그럴 것이 왜성을 이루는 큼직한 돌들을 어디서 구했을까 싶어서이다. 아무리 둘러봐도 성 주변에 직경 1.5~2m에 달하는 돌이 나올 데가 없다. 그러다 보면 놀라움은 서글픔으로 바뀌게 된다. 결국 이 돌들을 나르고 올리고 쌓은 이들은 힘없는 사람들이었을 테니까.

내성을 지나 안쪽으로 더 들어가면 약 2천 평에 달하는 넓은 공터가 펼쳐진다. 아마도 이곳은 정유재란 때 일본군의 연병장이었던 것으로 보인다. 학교 운동장만 한 공터 끝에는 천수대 자리가 있다. 이곳은 고니시 유키나가 기거하며 병사들을 지휘하던 장소였다. 천수대에 오르면 순천왜성이 구릉 꼭대기에 자리 잡고 있어서 적의 공격을 관측하고 방어하기에 좋은 지리적 이점을 가지고 있었음을 알 수 있다. 지금은 주변 바다가 매립된 상태여서 이곳에 해상전이 치러졌을 거라고 상상하기 어렵다.

마을에서 만난 이순신 장군

신성마을이 정유재란의 격전지인 만큼, 그 피해는 고스란히 주민들이 감당해야 했다. 그래서인지 정유재란이 끝난 지

100년이 지나도 마을 사람들은 밤마다 괴로워했다고 한다. 전쟁의 여파로 많은 사람들이 죽어 나간 곳이라서 밤마다 원혼들이 나타나 주민들을 괴롭혔기 때문이다. 그러던 어느 날 한 스님이 마을을 지나가다가 귀띔을 해준다. 일본군들은 '이순신'이라는 이름만 들어도 도망을 치니 이순신 그림을 그려 모시면 귀신도 없어질 것이라고. 간절한 마을 사람들은 조그마한 사당을 짓고 이순신 장군의 위패를 모셨다. 제를 올리자 귀신들은 감쪽같이 사라졌다고 한다. 이 이야기는 하나의 설화일 뿐이지만, 전쟁이 남긴 상처가 얼마나 컸는지를 짐작하게 해주는 대목이다.

충무사는 조그만 언덕 위에 세워져 있다. 충무사의 사당에 들어서면 이순신 장군의 영정뿐만 아니라 무거운 침묵을 가르며 두 눈을 부라리고 있는 송희립과 정운의 영정도 볼 수가 있다. 송희립(1533~1623)과 정운(1543~1592)은 임진왜란 때 이순신 막하에서 활약한 무신들이다. 막하란 이순신 휘하에서 전쟁에 참여한 무관을 가리키는 말이다. 정운이 이순신의 오른팔이었다면, 송희립은 이순신의 그림자와 같은 존재였다. 순천을 중심으로 한 전남 동부권 일대는 이순신 막하의 장수들과 관련된 전설이나 사당이 많이 남아있다. 그 이유는 이순신과 가장 가까운 위치에서 활동한 인물들이 전남 동부권 일

충무사 신성마을은 마을 앞 바다를 생업으로 삼았다. 한때 신성마을의 길가 곳곳에는 고막과 굴 껍질들이 즐비했었다. 사진은 1990년대 중반에 촬영한 것으로 공장단지가 들어서기 전의 마을 풍경을 담고 있다. 조그만 언덕에 세워진 건물이 충무사다.

대의 장수들이었기 때문이다. 이런 점에서 송희립과 정운의 영정은 지역민들의 임진왜란 경험이 어떠했는지를 보여준다.

한때 충무사의 주변 곳곳에는 벚꽃이 만발해 인근 사람들이 모여들어 이순신 장군의 넋도 기리고 화전놀이도 즐겼다고 한다. 하지만 1984년에 승주군이 이순신 장군을 모시는 사당에 일본 나무인 벚나무가 있어서 안 된다는 논리로 모두 베어버렸다. 격이 맞지 않다는 이유에서다. 이 사실은 1988년 8월호 『월간 예향』을 통해 알 수가 있었다. 한편, 충무사는 이순신 장군을 모시는 사당인 만큼 일제강점기에 큰 곤욕을 치렀다. 해방을 맞이하기 1~2년 전에 일제는 충무사를 불태워 버린 것이다. 순천왜성이 1938년에 사적 제49호로 지정된 것과 정반대의 운명을 맞이한 셈이다.

충무사를 방문하게 된다면 화장실 뒤편에 숨어 있는 비석을 하나 찾아보자. 이 비석은 일제가 순천왜성에 세운 기념비이다. 자세히 살펴보면 고니시 유키나가의 성터(小西行長之城址)라는 문구를 발견할 수가 있다. 조선을 식민 지배하면서 정유재란의 기억을 자기들의 역사로 전유한 것이다. 해방 후 이 비석은 잡초 속에 뒹구는 등 우여곡절이 많았다. 다행인지 불행인지 이 비석은 지금까지 파괴되지 않고 충무사 구석에 보관되어 있다. 나는 충무사를 처음 답사하던 날 우연히 마주한 정유재란연구회의 회장님으로부터 비석의 존재를 들을 수 있었다.

정채봉, 어른을 위한 동화작가

이처럼 신성마을은 정유재란을 둘러싼 비극적 역사가 새겨져 있는 곳이다. 그런데 신성마을은 월간잡지 『샘터』의 편집인이자 『오세암』 등의 작품을 쓴 정채봉 작가(1946~2001)의 고향이기도 하다. 충무사를 올라가는 계단 오른쪽에 정채봉 시비가 세워져 있는 이유이기도 하다. 정채봉은 1980~90년대에 왕성한 창작 활동을 보여준 동화 작가이다. 등단은 1973년 동아일보 신춘문예를 통해서였지만, 그의 문학적 역량은 1983년에 발표한 『물에서 나온 새』를 계기로 선보이기 시작했다. 이후 그는 2001년에 세상을 떠날 때까지 30여 년 동안 수많은 작품을 남겼다.

무엇보다 정채봉은 동화에 대한 편견에 맞서 싸운 작가였다. 1978년에 샘터사에 입사한 그는 '생각하는 동화'라는 시리즈를 연재하며 성인 동화라는 장르를 개척했다. 덕분에 동화는 유치하고 아이들만 보는 것이라는 고정관념이 깨져버렸다. 이는 그의 동화가 짧고 간결하면서도 깊은 울림을 주기 때문이다. 그의 작품은 동화를 읽는 독자층의 확대를 불러일으켰다. 1986년에 새싹문학상을 안겨준 『오세암』은 극장용 애니메이션으로 개봉되기도 했다.

그의 유년 시절은 온통 바다로 메워져 있었다. 정채봉 작가가 회상한 유년 시절의 고향 바닷가는 바로 신성마을이었다. 어느 기억이고 바다와 떨어져 있는 것은 하나도 없었다. 친구들과 술래잡기하며 골목길을 달리다 보면 바다는 그를 따라오고 있었다. 뒷간에 들어가 있을 때도 바다는 하다못해 그에게 갈매기 울음소리를 보냈다. 겨울날 바닷가에서 그는 성에 틈에서 죽어 있는 어린 고기를 발견하기도 했고, 빨간 동백

꽃 송이가 푸른 바닷물 위에서 외롭게 떠다니는 모습을 보기도 했다. 그에게 바다는 평화이자 순수이면서 막연한 슬픔이었다. "사실 내가 쓰는 글의 많은 부분을 어린 시절 기억의 조각에 빚지고 있는 거죠"라고 한 이유이기도 하다.

정채봉 생가는 신성마을의 가장 위쪽에 있다. 그의 유년 시절을 함께 한 집은 마루에 앉아서도 서서도 바다가 한눈에 내려다보이는 전망을 가졌다. 그래서 소년 정채봉은 아침이면 섬들을 헤집고서 말갛게 떠오른 해를 볼 수 있었고, 달이 뜨는 밤이면 달빛이 파도 소리와 함께 남실남실 문지방을 적시는 것을 경험할 수 있었다. 그러나 이제는 바다가 아득히 밀려나 버려서 볼 수 없는 풍경이다. 그런데 정채봉의 에세이를 읽다 보면 이 집에 숨겨진 비밀을 하나 알 수가 있다. 어린 시절 삼촌을 무서워하던 그는 대청 문턱 아래께에 못으로 '삼촌 미워'라는 네 글자를 삐뚤삐뚤 새겼던 것이다. 아마도 이 낙서는 소년 정채봉이 삼촌에게 혼나고 눈물을 훔치며 새긴 것 같다. 아쉽게도 나는 직접 가서 이 낙서가 남아있는지 확인하지 못했다. 누군가 소년 정채봉의 낙서가 어디 있는지 찾아봐 줬으면 좋겠다.

24

구례구역
문화적 혼종성의 장소

구례를 찾는 사람. 그러니까 지리산이나 화엄사를 방문하기 위해 기차를 탄 여행객이라면 매우 낯선 표현의 역명(驛名)을 듣게 된다. 그 이름은 바로 구례구역. 2021년 상반기에 방영한 예능프로그램인 〈윤스테이〉를 보신 분들에게는 익숙한 장소일 것이다. 이 프로그램은 윤여정, 최우식, 정유미 등의 영화배우들이 구례에서 한옥 스테이를 운영하며 벌어지는 에피소드를 카메라에 담았다. 이 이야기를 하는 이유는 출연자들이 서울과 구례를 오가는 길에 항상 구례구역이 등장하기 때문이다. 그래서 혹자는 의문이 들 것이다. 순천을 소개하는 책에서 왜 구례구역이 등장하는 걸까. 이유는 간단하다. 구례구역은 행정구역상으로 구례가 아니라 순천시 황전면에 속해 있다. 순천의 철도역이지만 다른 도시의 이름을 사용하고 있는 셈이다. 여기에 얽힌 사연은 제법 복잡하다.

역명을 둘러싼 논란

구례구역은 1936년에 전라선을 부설할 때 만들어진 철도역이다. 전라선 개통에 맞춰 개설된 34개의 철도역 중 하나였다. 섬진강 변에 자리 잡은 구례구역의 풍경은 남도의 정취를 잘 보여준다. 대한민국의 대표적인 강변역으로 손꼽히기에 충분하다. 구례 여행을 오신 분이라면 구례구역 바로 앞에 흐르는

구례구역 구례구역이 위치한 순천시 황전면은 지리적 여건상 구례와 생활·문화권을 공유하는 지역이다. 구례구역은 행정구역상으로 순천의 기차역이지만, 구례로 가는 중요한 길목이기도 하다.

섬진강을 꼭 건너야 한다. 이 강을 경계로 순천과 구례가 나눠지기 때문이다.

지명을 붙이거나 지명 앞에 동서남북을 씌운 역명은 많다. 예를 들어 '순천역'과 '동순천역'을 들 수 있겠다. 그런데 지명 끝에 꼬리가 달린 구례구는 퍽 생경하다. 이곳을 처음 방문한 사람들은 구례구역을 구례라고 생각하기 십상이다. 거기다 간혹 구례구역(求禮舊驛)인 줄 알고 구례신역(求禮新驛)을 찾는 해프닝이 벌어지기도 한다. 구례구역은 '구례로 가는 입구'라는 의미를 지니고 있다. 구례에 입 구(口) 자를 붙인 것이다. 자칫하면 '구례구'이니까 다음 역이 '구례'이겠지 여겼다가는 낭패를 당할 수 있다.

이러한 오해는 어떻게 시작한 것일까. 구례구역의 역사는 역명을 둘러싼 논란과 갈등으로 점철되었다고 해도 과언이 아니다. 1936년에 전라선을 깔 때만 해도 일제는 역명을 '용림역'으로 정했다. 철도역이 위치한 황전면 용림마을에서 가져온 이름이다. 그런데 문제가 터졌다. 이유는 알 수 없으나 역명을 '구례역'으로 바꾸겠다는 소식이 날아온 것이다. 일방적인 통보였다. 아마도 일제는 구례 지리산을 염두에 두고 역명을 용림역에서 구례역으로 바꾸려고 하지 않았나 싶다. 1930년대부터 지리산은 인근 지역에 깔린 철도 덕분에 접근성이 좋아지면서 관광지로 주목을 받았기 때문이다. 이는 근대 관광의 출현이 철도와 밀접한 관련을 맺고 있다는 것을 시사한다.

순천, 특히 황전면의 주민들은 반발에 나섰다. 이들은 "남의 집에 문패 붙인 격"이라는 논리를 내세우며 대대적인 반대 운동을 벌였다. 황전면의 민심은 세 차례에 걸친 면민 대회를 통해 나타났다. 1936년 5월 28일에 열린 제1차 면민 대회는 역명 개칭에 대한 지역 여론을 모으는 데 중요한 계기를 이루었다. 6월 16일에 개최한 제2차 면민 대회는 철도역에 둘 파출소를 황전면 주민들이 만들어 제공하기로 했다. 재정적 부담을 지역사회가 짊어지겠으니, 역명을 '구례역'으로 바꾸지 말아 달라고 이야기하기 위해서다. 그런데도 일제는 '구례역'이 기정사실이라는 입장을 내비쳤다. 이에 황전면 주민들은 7월 21일에 제3차 면민 대회를 열어 강수를 두었다. 순천 지역의 조선인 공직자들은 총사직을 단행하겠다는 결정을 내린 것이다. 심지어 8월 5일에는 순천 군수와 지역유지 등이 도청을 찾아가 하소연했다.

아쉽게도 자료의 한계로 인해 그 이상의 진행 과정을 찾지는 못했다. 결과적으로 역명은 '구례구역'으로 정해졌다. 마을 이름을 딴 '용림역'이나 지역명을 붙인 '황전역'으로 고쳐 달라고 한 황전면 주민들의 요구는 묵살되고 말았다. 구례 사람들도 구례구역이 썩 마음에 들지 않았다. 구례 사람들은 명승지인 지리산에 철도가 지나가지 않는 상황 속에서 구례역이라는 역명조차 없다면 지역발전에 지장이 있을 거라고 여겼기 때문이다. 아마도 일제는 '구례역'을 포기할 수 없는 상황에서 황전면 주민들의 반발을 무마하기 위해 역명을 '구례구역'으로 바꿨던 것 같다. 일종의 타협을 본 셈이다. 이때부터 구례구역은 역명과 행정구역의 불일치 속에서 숱한 오해와 논란을 불러일으켰다.

역사의 상처를 간직한 역전마을

구례구역을 나오자마자 눈에 들어오는 건 죽 늘어서 있는 각종 식당이다. 여기 식당들에서는 섬진강의 별미인 참게탕과 재첩국 등을 맛볼 수 있다. 이 일대는 1934년에 한 구례 사람이 세운 숙박시설을 계기로 조성되기 시작했다. 이후 지리산의 풍부한 임산물이 구례구역을 통해 거래되면서, 구례구역 주변은 전국 각지에서 몰려든 상인들과 이들을 상대하기 위해 문을 연 식당들로 북적거렸다. 역전마을이 탄생한 셈이다. 마을의 번성은 1937년 8월에 천일회사 사장인 김영준이 구례구역 주변에 천일제재소와 공장을 차린 사실에서도 알 수 있다. 그는 1935년 여수에 천일고무공장을 세운 후 식민지 조선의 경제계를 주름잡았던 사업가였다. 전국 각지에 14~15개 정도의 공장들을 잇달아 세워 화제를 모은 입지전적인 인물이다. 그런 그가 구례구역 주변에 공장과 사택을 지었다는 건 그만큼 여기가 사업적으로 중요했다는 걸 의미한다.

흥미로운 사실은 천일제재소 일대가 해방 후 귀환동포 촌으로 바뀌었다는 점이다. 해방 이후 여러 가지 이유로 중국과 일본으로 떠난 수많은 동포가 몰려드는 현상이 발생했다. 하지만 이들을 받아줄 수 있는 데가 많지 않다 보니 귀환 동포들만으로 마을이 형성되곤 했다. 순천으로 온 귀환동포 가운데 20여 세대는 천일제재소 주변에 집을 짓고 살기 시작했다. 천일제재소를 중심으로 마을이 형성되어서 마을 이름은 자연스럽게 '천일마을'이라고 했다. 하지만 세월의 풍파와 함께 천일마을 사람들은 삶의 터전을 떠날 수밖에 없었다. 지금은 그 흔적이 전혀 남아있지 않다.

역전마을 바로 옆에는 복호마을이 있다. 섬진강이 바로 보이는 강변마을이라서 섬진강을 건너는 나룻배를 위한 포구가 있었다. 그런데 이 마을에는 아시아태평양전쟁 시기에 지어진 전쟁 유적지가 있다. 전범 기업으로 유명한 미쓰비시의 기름 공장이 있었다. 일제는 전쟁 시기에 한반도 전역의 송진을 채취해 송탄유(松炭油)를 제조했다. 송탄유는 석유 수입의 어려움을 타개하고자 등장한 석유 대용품이었다. 아마도 일제는 섬진강 일대의 주민들을 동원해 송진을 채취하여 복호마을에 있었던 기름 공장에서 송탄유를 만들고, 이를 구례구역을 통해 군수물자로 보냈던 것 같다. 역명을 둘러싼 논란에 가려져 거의 알려지지 않은 한국 근대사의 상처들이다.

지리산 관광의 관문

산을 좋아하는 분들과 지리산을 종주하려는 등산객들에게 구례구역은 익히 잘 알려진 장소다. 지리산 종주 코스에서 구례구역은 출발을 알리는 장소라고 할 수 있다. 어떻게 보면 지리산 등산 붐은 구례구역의 등장과 함께 시작했다고도 볼 수 있다. 흥미로운 사실은 스탬프 관광이 80여 년 전에도 있었다는 점이다. 1938년 2월 4일 자 조선일보는 주요 관광지에 있는 철도역에 스탬프를 비치했는데, 범위를 늘려 13개 역을 추가했다는 기사를 보도했다. 이때 스탬프를 추가한 철도역 중에서 구례구역이 포함되어 있었다. 다시 말해 식민지 시대를 살아가던 사람들도 지리산 관광차 구례구역에 들렀고, 여기에 온 김에 관광 스탬프를 찍었다.

구례구역에서 지리산으로 가는 코스는 몇 가지가 있다. 지리산국립공원이 제시하고 있는 코스는 크게 16개. 이 가운데 구례구역에서 출발하는 코스는 무려 6개다. 교통수단이 무엇이든 구례구역에서 구례 공영버스 터미널까지 가보자. 취향과 숙련도에 따라서 만복대 코스, 화엄 계곡 코스, 피아골 코스, 반야봉 코스, 불일폭포 코스, 노고단 코스를 고를 수 있다. 자세한 내용은 지리산국립공원 홈페이지를 참고해 보면 알 수 있다. 중요한 사실은 지리산으로 가는 길의 절반 가까이가 구례구역에서 시작한다는 점이다.

구례교 구례구역을 나오면 '구례교'라는 다리가 나온다. 이 다리를 지나야 구례군이나 지리산으로 갈 수 있다. 구례교를 건너면서 만나는 섬진강의 풍경도 꽤 멋있다.

참고 자료

강성호, 『마을에 깃든 역사도시 순천』, 부크크, 2018.

구상나무, 『정원이 되어버린 마을 평촌마을·신산마을』, 순천문화재단, 2022.

김득중, 『'빨갱이'의 탄생』, 선인, 2009.

김영한·김종원, 『흑두루미를 칭찬하라』, 21세기북스, 2011.

김정남, 『신흥리지』, 순천문화원, 1997.

로우프레스 편집부, 『고을 vol.5: 순천』, 2023.

마블로켓 편집부, 『마블로켓 Issue No.7: 순천』, 2021.

문봉준, 『문봉준의 마을 이야기』, 순천시민의신문, 2005.

박종석, 『승주순천향토사』, 승주군교육청, 1963.

박혜강·이명훈, 『순천만에 해가 지면 원도심에 달이 뜬다』, 2015.

뿌리깊은나무, 『한국의 발견: 전라남도』, 1983.

순천대학교 지역개발연구소, 『자료로 본 우석 김종익』, 1994.

순천문화원, 『순천승주향토지』, 1975.

순천문화원, 『순천의 마을 유래지』, 1993.

순천시사편찬위원회, 『순천시사』, 순천시, 1997.

순천시사편찬위원회, 『순천시사』 1~12권, 순천시, 2024.

승주향리지편찬위원회, 『승주향리지』, 1986.

안기창, 『미국 남장로교 선교100년사: 순천지방을 중심으로』, 진흥, 2010.

양진석, 『순천의 기록자들』, 시너지콘텐츠, 2022.

우승완, 『천 년 순천의 근대기 도시 이야기』, 묘책, 2023.

이형근·이명훈, 『둑실낙원』, 조곡동행정복지센터, 2021.

장병호, 『연자루에 올라 팔마비를 노래하다』, 아세아, 2013.

정한조, 『삼산이수』, 삼일인쇄공사, 1965.

조곡동 주민자치위원회, 『순천시 조곡동 철도관사 유래찾기』, 2011.

조곡동 주민자치위원회, 『조곡동 관사마을이 진짜배기여』, 2013.

주철희, 『주철희의 여순항쟁 답사기 2』, 흐름, 2022.

진인호, 『송광향지』, 송광교우회, 1986.

진인호, 『지명을 찾아서』, 순천문화원, 1998.

진인호·박병섭·이동희, 『걸으면서 배우는 순천』, 순천시, 2007.

한광야, 『도시에 서다: 한국도시의 형성과 진화』, 상상, 2016.

홍영기 외, 『주암호의 기억』, 주암호생태문화협의회, 2014.

순천 연표

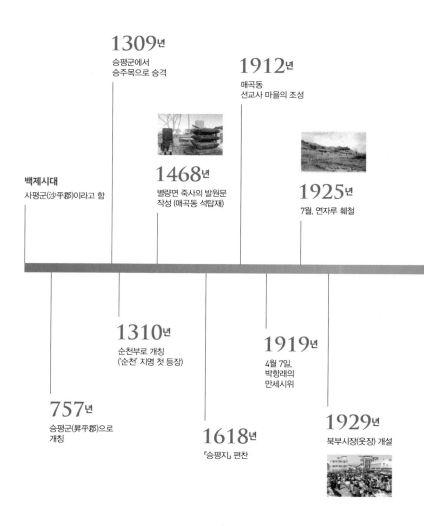

백제시대
사평군(沙平郡)이라고 함

1309년
승평군에서
승주목으로 승격

1468년
별량면 죽사의 발원문
작성 (매곡동 석탑재)

1912년
매곡동
선교사 마을의 조성

1925년
7월, 연자루 훼철

757년
승평군(昇平郡)으로
개칭

1310년
순천부로 개칭
('순천' 지명 첫 등장)

1618년
「승평지」 편찬

1919년
4월 7일,
박항래의
만세시위

1929년
북부시장(웃장) 개설

1936년
전라선 개설

1952년
동남사진기공업사
개업

1962년
12월 5일,
복구주택 낙성식 거행

1948년
여순사건 발발

1961년
죽도봉에
반공순국위령탑
건립

1950년
7월 22일,
학도병들의
순천역 집결

1962년
8월 28일,
828 수해 사건 발생

1937년
8월, 철도병원 건립

1958년
죽도봉에
홍암중학교 개교

1983년
낙안읍성 일대를
사적 제302호로 지정

1976년
1월 25일,
동남사진기공업사 화재

1979년
10월,
역전시장 정식 개설

1996년
순천만 보존운동
시작

1981년
죽도봉에 강남정
건립

1968년
순천 시민의 날 제정
및 팔마예술제 개최

1997년
갈대축제 개최

1977년
4월 20일,
연자루 복원 준공식

1994년
망향각공원 준공

302

1998년
순천만
골재 채취 사업 취소

2006년
람사르협약 가입

2008년
「문화의 거리 조성
및 지원 조례」 제정

2014년
그림책 도서관 개관

2017년
7월. 철도관사마을
박물관 개관

2003년
순천만 습지
보호구역 지정

2007년
시조(市鳥)를
흑두루미로 변경

2013년
순천만
국제정원박람회 개최

2016년
기적의 놀이터
제1호 개장

대한민국 도슨트 18

순천

1판 1쇄 인쇄 2024년 9월 9일
1판 1쇄 발행 2024년 9월 13일

지은이 강성호
펴낸이 김영곤
펴낸곳 ㈜북이십일

TF팀 이사 신승철
출판마케팅영업본부장 한충희
마케팅1팀 남정한
출판영업팀 최명열 김다운 권채영 김도연
제작팀 이영민 권경민
진행·디자인 다함미디어 | 함성주 유예지

출판등록 2000년 5월 6일 제406-2003-061호
주소 (10881) 경기도 파주시 회동길 201(문발동)
대표전화 031-955-2100 팩스 031-955-2151 이메일 book21@book21.co.kr

(주)북이십일 경계를 허무는 콘텐츠 리더

대한민국 도슨트 채널에서 도서 정보와 다양한 영상자료, 이벤트를 만나보세요!
포스트 post.naver.com/travelstudy21
인스타그램 www.instagram.com/k_docent

ⓒ강성호, 2024

ISBN 979-11-7117-796-7 04900
      978-89-509-8258-4 (세트)